道德经帛书本与流通本对比研究

方烈 ◎ 编著

新华出版社

图书在版编目（CIP）数据

道德经帛书本与流通本对比研究 / 方烈编著 . -- 北京：
新华出版社，2025.2. -- ISBN 978-7-5166-7880-0

Ⅰ.B223.15；H121

中国国家版本馆 CIP 数据核字第 2025XU2434 号

道德经帛书本与流通本对比研究

作者： 方　烈

出版发行： 新华出版社有限责任公司

（北京市石景山区京原路 8 号　邮编：100040）

印刷： 武汉市卓源印务有限公司

成品尺寸： 170mm×240mm 1/16 　　**印张：** 12.25 　**字数：** 188 千字

版次： 2025 年 2 月第 1 版 　　　　　　**印次：** 2025 年 2 月第 1 次印刷

书号： ISBN 978-7-5166-7880-0 　　　　**定价：** 68.00 元

微店

视频号小店

抖店

京东旗舰店

微信公众号

喜马拉雅

小红书

淘宝旗舰店

扫码添加专属客服

本书是笔者继《帛书道德经义贯》之后，在学习《道德经》过程中的又一收获。

一般来说，经典流传时间越久，范围越广，其版本也越多。比如鸠摩罗什的《金刚经》译本，柳公权版、敦煌雕版以及思溪藏、乾隆藏等大藏经版本，均不尽相同。擅改内典被佛门大德视为弥天大罪，尚且如此，何况流传时间和范围均远甚于《金刚经》的《道德经》。对比诸多世传版本《道德经》，竟无一完全相同者，说明曾大量被后人改动：或因避讳（如"恒"改"常"系汉文帝刘恒避讳，"邦"改"国"系汉高祖刘邦避讳）；或因传抄错漏；或因认知与老子相距太远，如井蛙闻海，夏虫听冰，以低维揣测高维，不解老子本意，却自以为老子原文为错而擅自"纠错"。有的改动尚不影响经义，如"恒"与"常"、"邦"与"国"，乃至"弗"与"不"、"上善若水"与"上善似水"、"千里之行"与"百仞之高"。而有的改动，则因一字之差，致与经义相违，大失老子本旨，如"大器免成"与"大器晚成"。

世传诸多版本中，流通最广，最受欢迎的，当属三国时期曹魏王弼的《老子道德经注》（通称王弼本），世人所谓流通本（或通行本），皆多指王弼本。然而对比 1973 年长沙马王堆汉墓出土的帛书本《老子》（通称帛书本），差异多达两百余处。孰是孰非，孰为老子原文？经专家学者考证，帛书本最权威、最接近老子原文。尤其是北大高明教授《帛书老子校注》一书，经极为严谨考校比对，详细指出王弼本乃至世传诸本的讹误。但为何是王弼本错、帛书本对，而不是相反？因该书侧重考古角度，义理分析则稍欠深入，而很多爱好者研读王弼本已久，已然"深根固柢"，仅凭历史更久远这一点，或欠说服力。

笔者深知，要断疑生信，唯需深入经藏，透彻理解经文，接近或通达老子本旨方可。于是笔者遂将帛书与王弼两个版本经文逐一对照，对于影响经义的差别之处，从义理上进行详细解析。而对于明显的经义分歧，也一并消解，以期让读者去伪存真，"去彼取此"，于帛书本断疑而生实信，生净信。

本书若于老子思想有所得，则是因为笔者有缘站在憨山大师等贤圣及高明教授等学界泰斗肩膀之上。而书中未尽事宜及与老子本旨相违之处，皆因本人才疏学浅，善根轻鲜所致，祈请各位读者、专家名流、缁素大德不吝指正！

凡 例

一、本书所录帛书本以《马王堆汉墓帛书老子》（帛书整理小组编，文物出版社，1976 年 3 月第 1 版）之甲本为底本，残缺之处，除有特别说明外，均参照《帛书老子校注》（高明撰，中华书局，2020 年 3 月第 2 版）以乙本或传世本补充。

二、本书所录流通本，指的是王弼本，即三国曹魏王弼《老子道德经注》（[魏] 王弼注，楼宇烈校释，中华书局，2011 年 1 月第 1 版）所依之经文。

三、帛书本不分章，为便于对比，本书帛书本经文仍参照王弼本分为81 章，但相关章节顺序则依帛书本。书中凡提及章节，均指帛书本。

四、王弼本分为"道篇"与"德篇"，且"道篇"在前，"德篇"在后。帛书乙本则在相关经文结尾有"德 3041（字）"，"道 2426（字）"，以区分德篇和道篇，唯顺序与王弼本相反。本书依帛书本顺序，即先德篇，后道篇。

五、考虑到楚简本（1993 年 10 月湖北省荆门市郭店一号楚墓出土）虽缺损严重，但誊抄时间早于帛书本，故对有明显分歧、较难抉择之处，又引楚简本（《郭店楚墓竹简》，文物出版社，1998 年出版；《郭店楚简校读记》，李零著，中国人民大学出版社，2009 年出版）来勘校。

六、若见本书有与笔者《帛书道德经义贯》不一致之处，以本书为准。

道德与德道

帛书本是先德经，后道经，即《德道经》。

王弼本及诸多世传本则是先道经，后德经，即《道德经》。

究竟是先道经还是先德经？

道为体，德为相用，离德无道，离相无性，离波无水。

先看德字：左为双人旁"彳"即小步快走之意；右上为"十"，两线垂直，表直；右中为"目"，表眼见直视前方，不偏离；右下为"心"，即心要正不偏，即维摩诘居士谓"直心是道场"。因此德即有遵行正道而不偏离之意。所谓德行，德就是行。

再看道字：左边为"辶"，《说文》谓"乍行乍止"，《六书故》"循道疾行"，皆有道路之意；右边为"首"，首即头，所谓首级，表人。"道"即人走在路上之意。人走在路上，必须眼看正前方，心无旁骛，方可行于正道，否则便会失道。而心正、眼正，即是德。要做到这一点，需要长期修炼，如新手司机一样，需上路训练，当成为老司机了，就入道了。具体来说，如六祖所言："除却自性中不善心、嫉妒心、谄曲心、吾我心、诳妄心、轻人心、慢他心、邪见心、贡高心，及一切时中不善之行。常自见己过，不说他人好恶。"便是修德，如此长久修习，自然就会入道。

先修德，而后入道，因此当依帛书本先德后道，而非通行诸本先道后德。

另，北大汉简《老子》（2009 年初，北京大学接受捐赠，获得了一批从海外回归的西汉竹简，其中包括《老子》）亦分上经和下经，分别对应帛书本的德篇和道篇。

目录

德 篇

第一章
（流通本第38章）

◎帛书本

上德不德，是以有德；
下德不失德，是以无德。
上德无为而无以为也。

上仁为之而无以为也。
上义为之而有以为也。
上礼为之而莫之应也，
则攘臂而扔之。
夫故失道而后德，
失德而后仁，
失仁而后义，
失义而后礼。
夫礼者，忠信之薄也，
而乱之首也。
前识者，道之华也，
而愚之首也。
是以大丈夫居其厚而不居其薄；
居其实而不居其华。
故去彼取此。

◎流通本

上德不德，是以有德；
下德不失德，是以无德。
上德无为而无以为。
下德为之而有以为①。
上仁为之而无以为；
上义为之而有以为。
上礼为之而莫之应，
则攘臂而扔之。
故失道而后德，
失德而后仁，
失仁而后义，
失义而后礼。
夫礼者，忠信之薄，
而乱之首。
前识者，道之华，
而愚之始。
是以大丈夫处其厚不居其薄；
处其实，不居其华。
故去彼取此。

经文差异

① "下德为之而有以为"之有无

帛书本作"上德无为而无以为也"。

流通本作"上德无为而无以为，下德为之而有以为"。

据高明《帛书老子校注》（后均简称《校注》），世传本皆有此句。《校注》以《韩非子·解老篇》校验（与帛书甲、乙本相同），认为"'下德'一句在此纯属多余，绝非《老子》原文所有，当为后人妄增"。而《校注》下文即指出《韩非子·解老篇》作"上德无为而无不为"之讹误，笔者认为，既然明显《韩非子·解老篇》有误，则帛书本与《韩非子·解老篇》相同，似帛书本亦同样有误。故仅凭此得出流通本此句纯属多余，似稍欠说服力。

《校注》认为："此章主要讲论老子以道观察德、仁、义、礼四者之不同层次，而以德为上，其次为仁，再次为义，最次为礼。德、仁、义、礼不仅递相差次，每况愈下，而且相继而生。"笔者认为，仅从经文"上德不德，是以有德。下德不失德，是以无德"字面分析，岂非正好说明"下德"与"上德"相继而生？如何不应有"下德"句？

《校注》又说，"德、仁、义、礼四者的差别非常整齐，逻辑意义也很清楚。""今本衍'下德'一句，不仅词义重叠，造成内容混乱。"笔者认为，据经文结构分析，言"上仁、上义、上礼"，即明"仁、义、礼"和前文"德"一样，亦分上下，唯此处取上而舍下，如此刚好和上文一致。王弼《老子道德经注》亦言"将明德分上下，辄举下德以对上德"。可见"下德"一句，正与上文"下德不失德，是以无德"相对应，岂非"差别非常整齐，逻辑意义也很清楚"？而所谓"词义重叠，内容混乱"，更是恰恰相反。正因为"下德"一句，使得经义更加严谨，何来"词义重叠，内容混乱"之说？

笔者认为，《校注》结论虽然正确，但理由却并不充分。无他，因尚未透彻理解本段经文所致。

欲知其所以然，须深入经藏方可。

本章乃是《德道经》开篇，"下德"一句，除了王弼本外，世传诸本皆有（楚简本残缺），唯独帛书甲乙本无（均保存完好），若按照少数服从多数原则，为何不是帛书本被后人删减，而断言世传诸本被人妄增呢？故有必要进一步辨析。

首先要明白何为"德"。当"道"与"德"分说时，则"道"为体，如衣服布料；"德"为用，如衣服款式。布料为一，不分上下；款式为多，分上下美丑。"道"不分上下，而"德"却分上下，是故老子一开篇就言"上德不德，是以有德。下德不失德，是以无德"，将"德"分为上下，亦即修无为之道的两个阶位（次第）。意在警示修道者，连"德"之念、无为之念亦不应执着，不应自恃有德，方是至德、上德，如第81章"镇之以无名之朴，夫将不欲"。而不失德即心中执着德，怕失去德，尚被"德"缚，所以此"下德"只能谓"无德"。如《韩非子·解老》谓"虚者，谓其意无所制也，今制于为虚，是不虚"。即执着虚，则非真虚。执着无为，仍旧是有为。亦如世人执着有，今以空破之，然若执着空，即是《金刚经》谓执法相，亦是住四相，非绝待空。第61章"（太上，不知有之）；太上下，知有之"所揭示的"失道"线路图，亦和本章相印证。

虽然是"下德"，但依然是"德"，依然是"无为"。而"仁义礼"则系"有为"，二者有本质不同：一在道内，一在道外。"上德"即如车行驶在车道中央；"下德"则略有偏离，但依旧行驶在"无为"这条车道上。而"仁、义、礼"就不一样了，已经跑出"无为"这条车道而驶入"有为"之"仁、义、礼"。故老子言"仁、义、礼"时，都是"为之"（即"有为"，上仁为之而无以为也，上义为之而有以为也，上礼为之而莫之应也）。随着偏离度越来越大，一旦偏离到"礼"，就出交通事故了。故老子说"夫礼者，忠信之薄也，而乱之首也"。由此可知，无论"上德""下德"，都是"德"，"德"只能是"无为"，若言"为之"，即是"有为"，"有为"即落入"仁义礼"，岂能言"德"？**"为之而有以为"**只能是"义、礼"而非"德"（连"仁"都不是）。是故可知"下德为之而有以为"乃后人妄添。如果一定要补充"下德"一句，亦应该是**下德无为而有以为**，即对"下德不失德"的注解。

而傅奕诸本衍作"下德为之而无以为",亦同样是错。

或问,既然"德"分上下,那"仁义礼"为何不分上下呢?须知"下仁、下义、下礼",是假仁、假义、假礼,是恶;而"上仁、上义、上礼"虽已偏离无为之道,但依旧是善,惟其与道相悖而已。

无为	德	上德	无以为（不德）	德
		下德	有以为（不失德）	
有为 （为之）		仁	无以为	非德
		义 （而）	**有以为**	
		礼	有以为	

第二章
（流通本第39章）

◎帛书本

昔之得一者，
天得一以清，地得一以宁，
神得一以灵，谷得一以盈，

侯王得一而以为天下正。
其诚之也：
谓天毋已清将恐裂，
谓地毋已宁将恐发，
谓神毋已灵将恐歇，
谓谷毋已盈将恐竭，

谓侯王毋已贵以高将恐蹶。
故必贵而以贱为本，
必高矣而以下为基。
夫是以侯王自谓孤寡不谷。
此其贱之本与，非也？
故致数誉无誉。
是故不欲琭琭若玉，硌硌若石。

◎流通本

昔之得一者，
天得一以清，地得一以宁，
神得一以灵，谷得一以盈，
万物得一以生①，
侯王得一以为天下贞。
其致之，
天无以清将恐裂，
地无以宁将恐发，
神无以灵将恐歇，
谷无以盈将恐竭，
万物无以生将恐灭②，
侯王无以贵高将恐蹶。
故贵以贱为本，
高以下为基。
是以侯王自谓孤寡不谷。
此非以贱为本邪？非乎？
故致数舆无舆。
不欲琭琭如玉，珞珞如石。

经文差异

①②有无"万物"

帛书本无"万物得一以生"与"万物无以生将恐灭"二句对文。

流通本有。

即王弼本为"天"、"地"、"神"、"谷"、"万物"、"侯王"六事，而帛书本则为"天"、"地"、"神"、"谷"、"侯王"五事。

究竟是五事还是六事？《校注》据河上公本及严遵、敦煌戊本、《文选·江文通杂体诗》，断定王弼本二句"乃为后人妄增"。然而为何不是帛书本及其他本"妄减"？

分析"天、地、神、谷、侯王"五事，由大至小，层次清晰。"天地"因道而生（第69章"有物混成，先天地生"），天地再生万物，包括有情众生和无情众生（《楞严经》谓"想澄成国土，知觉乃众生"）。万物即"神谷"，"神"指有情，"谷"为无情，"神谷"即囊括世间"万物"，"万物"则包括"神、谷"，而"神"或"谷"仅仅是万物之一。疆土人民需要治理，因此"神谷"得生之后，能够治理天下的"侯王"就应时而生了。是故可知，横亘一"万物"，实属多余，如果定要增添"万物"，也应该在"天地"之后、"神谷"之前，可见流通本之"万物"二句乃是后人妄增。

第三章
（流通本第41章）

◎帛书本

上士闻道，勤能行之。

中士闻道，若存若亡。

下士闻道，大笑之，

弗笑，不足以为道。

是以建言有之曰：

明道如昧，进道如退，

夷道如**类**（颣）①，上德如谷，

大白如辱，广德如不足，

建德如偷，质真如渝。

大方无隅，大器**免**②成，

大音希声，大象无形，

道**褒**③无名。

夫唯道，善始且善成。

◎流通本

上士闻道，勤而行之；

中士闻道，若存若亡；

下士闻道，大笑之。

不笑，不足以为道。

故建言有之：

明道若昧，进道若退，

夷道若**颣**①，上德若谷，

大白若辱，广德若不足，

建德若偷，质真若渝。

大方无隅，大器**晚**②成，

大音希声，大象无形，

道**隐**③无名。

夫唯道，善贷且成。

一、经文差异

① "类"与"颣"

帛书本作"类"（楚简本亦作"类"）。

流通本作"颣"。

朱谦之曰："'纇''类'古通用。"参照第16章之"大道甚夷"，彼"夷"为"坦夷"（即平坦）之意，故此"夷道如类（纇）"之"夷"也当理解为平坦。再参照前文"明道如昧，进道如退"之"明昧""进退"，语相对而意义皆相反，故此处亦当为"夷"的反义词，即不平坦、崎岖之意。而"纇"即丝上的疙瘩，引申为"崎岖不平"（如同路上的疙瘩），故此处当作"纇"。

②"免"与"晚"

帛书本作"大器免成"。

流通本及世传今本皆作"大器晚成"。

帛书整理小组亦勘校作"晚"。

"大器晚成"如今已成一大众耳熟能详的成语，部分人尚能说出其出自《道德经》，岂知其为后人所窜改而以讹传讹至今，故亟须正本清源。所谓器，即器皿、器具。器依容量大小分为"大器"与"小器"。而此处老子所谓"大器"，是指的道之体，非大小相待之"大"，乃是绝待之"大"，无可比拟之大。第46章"有无之相生也，难易之相成也，长短之相形也，高下之相盈也，音声之相和也，先后之相随，恒也"，形象说明了世人之"大"，都是相待之大。有高下长短，都是经人为分割造作之"有成"而非"免成"，都是"小器"。"是以圣人居无为之事，行不言之教"，即是无长短高下之别，便是"免成"，"免成"则是无为之道。

道之为器，如虚空一样，无需有为合成而浑然天成（即第72章言"大制无割"），无有边界，无有长短方圆，不可丈量，虚空之大，可以涵容一切，故称"大器"（非与小器相比）。如果系有为合成（有"割"），则无论多大，都有边界，都有长短方圆，都可以计量，都有生灭，都是"小器"。所谓海水不可斗量，其实也可以计量，也有生灭，譬如可以移山填海，沧海可以成为桑田，海亦可枯，石亦可烂。因此究竟而言，大海也是"小器"。

第32章"天下皆谓我大，大而不肖。夫唯不肖，故能大；若肖，久矣其细也夫"，亦可为"大器免成"之注解：凡是有形状（肖）之器物，皆是经分割而成，分割则必然有长短高低，皆只能谓"细"（小器）。唯有无形无状者，不用分割制成，无长短高低，才能真正称之为"大"（器）。此亦意同下文"大象无形"，"大器"即"大象"，都喻指大道，"免成"即"无形"。

从经文来看，如楼宇烈所言，凡加"大"字，则其含义完全相反："方"为有隅，"大方"则"无隅"；"音"为有声，"大音"则"希声"；"象"为有形，"大象"则"无形"；"制"为有割，"大制"则"无割"。"器"为"有成"，"大器"则"免成"，而作"晚成"，则非"器"之反义。

此外，前文"大方无隅"之"无"，后文"大音希声"之"希"、"大象无形"及"道褒无名"之"无"，皆是"没有"之义，故此处显而易见当作"大器免成"，于意方顺畅。若作"晚"，则文意不顺畅。虽然"免"可为"晚"之借字，然据此分析，似非"晚"之借字，而当以"免"本字解。

楼宇烈《王弼老子道德经》校释云："愚谓经文'大器晚成'疑已误……'器'既为'合成'者，则'大器'则当为'免成'者，亦即所谓'无形以合'而使之成者。"

帛书本出土之前，国学家、史学家陈柱最早疑"晚"字有误，其在《老子韩氏说》中云："'晚'犹'免'也，'免成'犹'无成'也。"

③"褒"与"隐"

帛书本作"道褒无名"。

流通本及世传今本皆作"道隐无名"。

笔者认为，此分歧结合前文"大方无隅，大器免成，大音希声，大象无形"便很好决断了。"大方、大器、大音、大象"显然意义相同，都指的是"大道"，故而此处"道褒"亦然，也是指的"大道"，"褒"即"大"之意，"道褒"即"道大"。"道褒无名"即大道无名，第76章"道恒无名"即"道褒无名"之意。

二、经义分歧

因王弼本误将"大器免成"作"大器晚成","道褒无名"作"道隐无名",故其注文亦不足取。如"大器晚成"释为"大器,成天下不持全别,故必晚成也"。明显与经义相违,亦不通畅。

第四章
（流通本第40章）

◎帛书本

反也者，道之动也；
弱也者，道之用也。
天下之物①生于有，
有生于无。

◎流通本

反者，道之动，
弱者，道之用。
天下万物①生于有，
有生于无。

一、经文差异

①"万物"与"之物"
帛书甲作"天下之物"。
流通本作"天下万物"。

然王弼《老子道德经注》此处则注解为"天下**之物**，皆以有为生。"
足见王弼本原经文亦是作"之物"，"万物"乃是后人妄改。

二、经义分歧

本章经义重点分歧是对于经文"反也者"义理解析。
《校注》云："'反'者是辩证之核心，相反之事物彼此对立，又相互依
存。如（王弼本）第2章所云：'有无相生，难易相成，长短相形，高下相

倾，音声相和，前后相随。'说明宇宙间万事万物既对立又依存，相互运动，其中主要是"反"的作用。"又引第 25 章（帛书本第 69 章）"有物混成，先天地生，寂兮寥兮，独立不改，周行而不殆，可以为天下母。吾不知其名，字之曰道，强为之名曰大。大曰逝，逝曰远，远曰反。"以说明"'反'的本义是使事物向自己对立方面发展、转化的辩证规律"。

《校注》显然将"反"作"正反、相反、对立面"释（作此解的很多），笔者认为此解显然有悖老子本旨。须知老子说"有无相生，难易相成，长短相形，高下相倾，音声相和，前后相随"，并非说宇宙间万事万物既对立又依存，相互运动，而是指的世人之有为、之虚妄分别，而"圣人居无为之事，行不言之教"，无虚妄分别，方无"有无相生，难易相成，长短相形，高下相倾，音声相和，前后相随"。可见《校注》因误读了（王弼本）第 2 章（笔者在相关章节还会分析），从而误读本章，甚至曲解了《道德经》，曲解了老子思想。

道之大用乃无为之用、无用之用。第 3 章言"大象（道）无形"，乃至无高下、长短、难易、前后、音声（第 46 章），无载无隳、无行无随、无强无羸（第 73 章），此等对立都要破，为何还要"反"？

要入老子无为之道，恰恰需要破除二元对立，破除对长短高矮美丑难易的虚妄分别，破除"反"，行于中道，方为入道。因为有高矮美丑之虚妄分别，就会产生贪爱，就会占有，求而不得，则会烦恼重重；求而得，则会助长贪欲，不知足不知止，如此则与清静无为之道南辕北辙。

结合全经分析，此"反"当作"返、复、归"解，即返归道之体。第 72 章"复归于朴"，第 69 章"远曰返"，第 60 章"夫物芸芸，各复归于其根"，第 28 章"与物反矣"。亦同《金刚经》"还至本处"之"还"，《楞严经》"归元性无二"、苏轼《定风波》"归去，也无风雨也无晴"之"归"。

"返"即是入道功夫，不返则离道悬远，愈返则离道愈近。

如何返？

自有知有欲返至无知无欲（第 47 章"恒使民无知无欲也"）。

自昭昭察察返至昏昏闷闷（第 64 章"俗人昭昭，我独若昏呵。俗人察察，我独闷闷呵"）。

自成人返至婴儿（第72章"复归于婴儿"）。

自不知足返至知足（第9章"祸莫大于不知足"）。

自为学日益返至闻道日损（第11章"为学者日益，闻道者日损"）。

自众人之所喜返众人之所恶（第52章"居众人之所恶"）。

自器返归朴（第72章"复归于朴……朴散则为器"）。

自刚强返柔弱（第6章"天下之至柔，驰骋于天下之至坚"；第41章"坚强者死之徒也，柔弱者生之徒也"；第43章"柔之胜刚，弱之胜强"，第80章"柔弱胜强"，本章"弱也者，道之用也"）。

"返"虽为动词，但并未动，而是不动，不动即"返"，类似"狂心顿歇，歇即菩提"，因而可作"息"讲，息灭欲望，从多思多欲"返"到少私寡欲，从有为之心"返"到清静无为。"返"即是修道功夫，第59章"浊而静之徐清"；而"道之动"的"动"意当为动而用，即下文"道之用"，第59章"安以动之徐生"。从刚强有为返归于柔弱无为，即是道之妙用、大用。

据王弼《老子道德经注》注："高以下为基，贵以贱为本，有以无为用（有之以为利，无之以为用），此其反也。动皆知其所无，则物通矣。"王弼之解切近老子本旨。

三、经文顺序

流通本（包括世传诸本）第40章与41章，与帛书甲乙本顺序相反，帛书本是41章在前，40章在后。

流通本：

反者，道之动，弱者，道之用。天下万物生于有，有生于无（40章）。

上士闻道，勤而行之……夫唯道，善贷且成（41章）。

帛书本：

上士闻道，勤而行之……夫唯道，善贷且成（3章）。

反者，道之动，弱者，道之用。天下万物生于有，有生于无（4章）。

分析帛书本顺序：

前一章：

夫唯道，善始且善成（道之用）。

本章：

反（道）也者，道之动（而起用，"动"即上一章"善始善成"）也；

弱（上一章"如昧，如退……无名"，皆是"弱"）也者，道之用（德）也。

天下之物生于有，有生于无（"无"即道，上一章"无隅，免成……无名"）。

"无"如何生"天下之物"？开启下一章"道生一……三生万物"。

后一章：

（无隅、免成、希声、无形、无名）之道无（上一章"有生于无"之"无"）生一，一生二，二生三，三生（有隅、有成、有声、有形、有名之）万物（承接上文进一步展开说明天下之物如何得生）。

上承下接，前后连贯，若按流通本顺序，则前后脱节。故知老子原文当系帛书本顺序，流通本及世传诸本乃后人窜改。

第五章
（流通本第42章）

◎帛书本

道生一，一生二，

二生三，三生万物。

万物负阴而抱阳，

冲气以为和。

天下①之所恶，唯孤、寡、不谷，

而王公以自名也。

物或损之而益，益之而损。

古②人之所教，亦我而教人。

故强梁者不得其死，

我将以为学父。

◎流通本

道生一，一生二，

二生三，三生万物。

万物负阴而抱阳，

冲气以为和。

人①之所恶，唯孤、寡、不谷，

而王公以为称。

故物或损之而益，或益之而损。

人②之所教，我亦教之。

强梁者不得其死，

吾将以为教父。

一、经文差异

① "天下" 与 "人"

帛书甲本作 "天下之所恶"（乙本作 "人之所恶"）。

流通本（以及其他世传诸本）作 "人之所恶"。

《校注》云："与今本勘校，世传本皆作'人之所恶'，与乙本相同，无作'天下之所恶'者，可见甲本已曾被人改动。"

笔者认为，"天下之所恶" 与 "人之所恶"，语意并无明显差别（笔者

《帛书道德经义贯》以甲本为基准，亦并未据乙本调整)。《道德经》中，"天下"既可指"世人""世上"，如第46章"天下皆知美之为美，恶矣"，第72章"知其雄，守其雌，为天下溪"；亦可指政权或者统治者，如第20章"夫天下多忌讳，而民弥贫"，第73章"将欲取天下而为之，吾见其弗得已"。

若进一步细究，除本章外，所恶之"孤寡不谷"尚在第2章出现，即"故必贵而以贱为本，必高矣而以下为基。夫是以侯王自谓孤寡不谷"，"孤寡不谷"即"下"之意。而在第52章水"居众人之所恶"之"下"，亦是"人"而非"天下"，故此处亦当作"人之所恶"为宜。

②"古人"与"人"

帛书本作"故人"，《校注》勘校作"古人"，"故"字当假为"古"。

流通本作"人之所教"。

"古人"与"人"，一字之差，但义理有别，本经中出现"圣人"和"人"非常多，但区别明显，意指普通人多用"人"或"世人"，而指圣人时则不会单独用"人"，尤其是在两类人同时出现时，一定不会以"人"作"圣人"，比如：

第12章：**圣人**恒无心……**圣人**之在天下……**圣人**皆孩之。

第20章：**人**多知巧……是以**圣人**之言曰。

第31章：**圣人**无积……**人**之道，为而弗争。

第46章：**天下**（世人）皆知美之为美……是以**圣人**居无为之事，行不言之教。

第71章：是以**圣人**恒善救人……故善人，善人之师；不善人，善人之资也。

本章前文言"人之所恶"之"人"，乃是指的普通世人，而此处"人之所教"之"人"，并非指的普通世人。能让老子"述而不作"的，只能是"圣人"，"古人"即"古之圣人"。故流通本极可能被删掉了"古"字。

二、经义分歧

关于"一生二,二生三,三生万物",有诸多注解引《易·系辞》"易有太极,是生两仪,两仪生四象,四象生八卦",释"一"为"太极","二"为"两仪",即天地或阴阳,"三"为天地人三才。笔者认为,此释不妥。

此"二、三"当表示道生万物,愈生愈多,非特指仅止于"三",有一则有二,有二必有三,如此无穷无尽,生生不息。有兴趣者,不妨精读《楞严经》,便可明了。

王弼《老子道德经注》释:"万物万形,其归一也。何由致一?由于无也。由无乃一,一可谓无?已谓之一,岂得无言乎?有言有一,非二如何?有一有二,遂生乎三。从无之有,数尽乎斯,过此以往,非道之流。故万物之生,吾知其主,虽有万形,冲气一焉。百姓有心,异国殊风,而(得一者)王侯主焉。以一为主,一何可舍?愈多愈远,损则近之。损之至尽,乃得其极。既谓之一,犹乃至三,况本不一,而道可近乎?损之而益,益之而损,岂虚言也。"

笔者认为,王弼注解甚得老子本旨,可从。

第六章
（流通本第43章）

◎帛书本

天下之至柔，**驰骋于**^①天下之
至坚。

无有**入于**^②无间。

吾是以知无为之有益也。

不言之教，无为之益，

天下希能及之矣。

◎流通本

天下之至柔，**驰骋**^①天下之
至坚。

无有**入**^②无间。

吾是以知无为之有益。

不言之教，无为之益，

天下希及之。

经文差异

①②有"于"无"于"

帛书本作"驰骋于"、"入于"。

流通本作"驰骋"、"入"，较之帛书本，少二"于"字。

就第一个"于"字，从文义分析当有，并无争议。

至于第二个"于"字，《校注》谓"历史遗留而未得解决之疑案"。

首先分析此"天下之至柔"：

一承第 4 章"弱也者，道之用也"；

二承上一章"古人之所教，亦我而教人"（我和古人一样教人柔弱无
为之道，本章展开说柔弱之大用）；

三与上一章"故强梁者不得其死"相对应（强与弱对，强"不得其死"，

弱则"驰骋于天下之至坚")。

"天下之至柔，驰骋于天下之至坚"，即同于第43章"天下莫柔弱于水，而攻坚强者莫之能胜也……柔之胜刚，弱之胜强"。

从上分析可知，"无有入于无间"乃是对"天下之至柔，驰骋于天下之至坚"的进一步展开，本意相同，思维逻辑一致。

无有（至柔）**入**（驰骋）**于无间**（至坚）。

"无有"即是无有形状之"至柔"，如水、如光、如绳；"无间"则是有形、有质碍、无有间隙之"至坚"，如石、如木、如刀。滴水穿石，绳锯木断，至坚之刀则不能割断至柔之水。"入"即同"驰骋"，所谓如入无人之境、无孔不入、单刀直入、上天入地，即是驰骋。能容得下，看得惯，和光同尘，无论外境如何变化，皆不被烦恼所缚，自在无碍，若不系之舟，即是"入"。可见帛书本"于"字并非多余。

另，王弼本以气、水释"至柔"（"气无所不入，水无所不经"），虽并无不妥，但此处重点是表达至柔之威力，不仅"无孔不入"，而且"无坚不摧""攻坚强者莫之能胜"，如水能穿石，绳能锯木。故王弼此释略欠完整。

第七章

（流通本第44章）

◎帛书本

名与身孰亲？身与货孰多？

得与亡孰病？甚爱必大费，

多藏必厚亡。

故①知足不辱，知止不殆，

可以长久。

◎流通本

名与身孰亲？身与货孰多？

得与亡孰病？**是故**②甚爱必大费，

多藏必厚亡。

知足不辱，知止不殆，

可以长久。

经文差异

①有无"故"

帛书本有"故"字。

流通本无。

笔者认为，"甚爱必大费，多藏必厚亡"与下文"知足不辱，知止不殆，可以长久"明显上下相承，前后连贯，"厚亡"即不"可以长久"，足见"知足不辱，知止不殆"前当有一"故"字。

②有无"是故"

帛书甲乙本均已残甚，《校注》据甲本存首尾"甚……亡"二字，认为当无"是故"二字。

流通本多"是故"二字。

"名与身孰亲？身与货孰多？得与亡孰病？"与"甚爱必大费，多藏必厚亡"乃是平行关系，并非递进或者因果关系，因而流通本当是后人妄自添加"是故"二字。

第八章
（流通本第45章）

◎帛书本

大成若缺，其用不敝。

大盈若盅，其用不穷。

大直如诎，大巧如拙，

大赢如朒①。

躁胜寒，静胜热，

清静可以为天下正。

◎流通本

大成若缺，其用不弊。

大盈若冲，其用不穷。

大直若屈，大巧若拙，

大辩若讷①。

躁胜寒，静胜热。

清静为天下正。

经文差异

①"大赢如朒"还是"大辩若讷"

帛书本作"大赢如朒"。

流通本作"大辩若讷"。

"大辩若讷"之"讷"即木讷，有话在肚里难以说出来，指语言迟钝，口齿笨拙，说话结结巴巴。"大辩"即能言善辩，辩才无碍，与"讷"相反。"大辩若讷"，指能言善辩之人（大的辩论家）看上去反而不善言辞，不会说话，与"大辩不言""大辩无声"意相近。

而"大赢如朒"之"赢"指的盈余，有钱赚；"朒"则谓亏损或不足，与"赢"互为反义。"朒"与"赢"即如财务专业术语"损"与"益"，"大赢如朒"即谓真正的大赚看上去都好像是亏损的，表面看是赔本，实则是赚大钱，即如佛家所谓"吃亏是福"，表面上看吃了大亏，实则是得了大福报。

前文"大成若缺，大盈若盅，大直如诎，大巧如拙"，都是正话反说，即第 43 章谓"正言若反"。表面上看，"大辩若讷"与"大赢如肭"似都对，都与上文经义相符，则帛书本与王弼本都对，究竟孰是《老子》原文，孰是后人窜改？

要鉴定清楚，不仅要结合本章前文分析，更要结合全经其他章节进行研判，不仅要粗看，更要细究：

观前（上一章）经文"得与亡孰病"，此"得"字，指的得什么？"名与身孰亲？身与货孰多"，显然是在说"得财"，"甚爱必大费，多藏必厚亡"，"甚爱，多藏"皆是针对财货而言。"故知足不辱，知止不殆"，则是老子点出其本旨，意在让人知足，减少对财货的贪欲，而"大赢如肭"之义则正与此相合。若作"大辩若讷"，以让人少言，则前后经义不连贯。

第 67 章"曲则全，枉则正。洼则盈，敝则新，少则得，多则惑"，亦与本章"正言若反"之结构及经义相似，而"少则得，多则惑"即对应本章"大赢如肭"。

综合分析，帛书本当为《老子》原文，而流通本则系后人窜改。

另，帛书研究组《老子甲本释文·德经》附注⑩云："疑此处有脱文，原文当作"大赢如绌，大辩如讷"。《校注》斥之"此甚不妥。岂不知此一改动，出自帛书整理者之手，其后果不堪设想"。笔者赞同《校注》之说，读者请详察。

第九章

（流通本第46章）

◎帛书本	◎流通本
天下有道，却走马以粪。	天下有道，却走马以粪。
天下无道，戎马生于郊。	天下无道，戎马生于郊。
罪莫大于可欲①，	
祸莫大于不知足，	祸莫大于不知足；
咎莫憯于欲得。	咎莫大于欲得。
故知足之足，恒足矣。	故知足之足，常足矣。

经文差异

①有无"罪莫大于可欲"

帛书本作"罪莫大于可欲，祸莫大于不知足，咎莫憯于欲得"。

流通本作"祸莫大于不知足，咎莫大于欲得"。

流通本少"罪莫大于可欲"。"罪、祸、咎"意义相近，而"可欲、不知足、欲得"含义也接近，是否重复了？至少"罪莫大于可欲"是多余？

为了进一步接近真相，不妨再对比楚简本看看，恰好楚简本此段经文保存完整，作"**罪莫重乎甚欲，咎莫险乎欲得，祸莫大于不知足**"，与帛书本同样是三句，但顺序有别，帛书本是"祸、咎"，与王弼本同，而楚简本则是"咎、祸"，究竟哪个顺序是对的？

若仔细分析，"罪、咎、祸"当属三个层次，且层层递进。

（1）罪——可欲。

此处"罪"可作"罪之根源"解，所有罪皆源于此。此"罪"并非指狭义的违法犯罪，而是指的心造恶业（起心动念，无不是业，无不是罪）。可欲即可贪，是对境（财色名权）生贪爱之心，下一步必然付诸行动，采取不当方法甚至不惜违法来满足自己欲望。虽然最后的犯罪行为是靠身体来完成，但心是指挥中枢，正因为心生贪欲，在条件具足时，身才会付诸行动。因此"可欲"是第一步。第47章"不见可欲，使民不乱"，见可欲，则终将乱。

此即如有贼心没贼胆，看到自己喜欢的财物起了盗心（可欲），一旦贼胆具足，即可能随时行盗。这个阶段虽然并未付诸行动（身），但却是"罪"之源，因为这最初的一贪念，是后面惹祸招灾之根本。若能如《了凡四训》所说："大抵最上治心，当下清净；才动即觉，觉之即无"，觉察自己想偷盗念头已起，知道这个念头非善念，及时制止并忏悔，则罪业就将减轻乃至消除。如第27章"为之于其未有也，治之于其未乱也"。

（2）咎——欲得。

"咎"即过咎、过失，虽然和"罪"比较接近，但既然有过失，对他人或者自己已经造成伤害，就要担责任，要为自己的行为负责，"欲得"即想得，将得或已得，其关键在"得"，已经上升到"身"业了，从第一阶段的"可欲"上升到行为上占有"欲得"。

此即如有贼心有贼胆，开始付诸行动并期待尽快到手（欲得），而不管是否到手（得与否），哪怕是犯罪未遂，也要担责（咎）。

（3）祸——不知足。

"祸"即灾害、灾难，显然比之前的"罪、咎"更严重了。虽已有所得，但欲望无尽，贪心不止，最后必惹祸招灾。

如一小个体户见房地产很赚钱，于是想介入地产行业，这就是"可欲"。进入房地产行业后，就必然想赚钱，于是不断买地卖房，此即"欲得"。小有获利之后，信心爆棚，不懂知足，大量向银行借款，大肆扩张，终致破产之"祸"，此祸表面看是因不知足，但根源则在最初一念"可欲"。

此即如贼胆包天，已经偷到手了，但不知收手，成为惯偷（不知足），最后被绳之以法（祸）。

老子意旨是修无为之道者，一定要在第一步"可欲"上下功夫，能"少私寡欲"方能"见素抱朴"（入道）。如果做不到"少私寡欲"而"欲得"，也要懂得适可而止，知足知止，如此方能避免灾祸，如第76章所云"知止所以不殆（祸）"。

可见，"罪、咎、祸"经义分明，条理清晰，不但一个都不能少，而且顺序不能随意颠倒，故当取楚简本为宜。

另外，下文"故知足之足，恒足矣"之"知足"，正与上句"祸莫大于不知足"之"知足"上承下启，可见亦当依楚简本。而流通本"罪莫大于可欲"，明显是被后人妄自删除。

第十章
（流通本第47章）

◎帛书本

不出于户，以知天下。
不窥于牖，**以知**^①天道。
其出也弥远，其知弥少。
是以圣人不行而知，
不见而**明**^②，弗为而成。

◎流通本

不出户，知天下。
不窥牖，**见**^①天道。
其出弥远，其知弥少。
是以圣人不行而知，
不见而**名**^②，不为而成。

经文差异

①"知道"还是"见道"

帛书本作"知天道"。

流通本作"见天道"。

究竟是"知天道"还是"见天道"？仅如《校注》验之《吕氏春秋·君守篇》《韩非子·喻老篇》《文子·精诚篇》《淮南子·主术篇》等古籍尚不具备说服力。分析经文，所谓"道"，只能是修、悟（知）、入，即修道、悟（知）道、入道，悟道即知道，即用心来悟知。"道"唯独不能用眼见，能被见到的定非"道"，第45章云"道，可道也，非恒道也"，同样，"道，可见也，非恒道也"。第58章"视之而弗见""复归于无物，是谓无状之状，无物之象，是谓忽恍。随而不见其后，迎而不见其首"，第67章"不自见故明"，皆明道不可见。而第52章"居众人之所恶，故几于道矣"，亦未说"几见道矣"。

所谓"不出户，不窥牖"，指的不是宅在家里不出门，关闭门窗与世隔绝，而是眼不奔色、耳不逐声、舌不贪味……内六根（户牖）不攀缘外六尘。眼不贪五色则目不盲，不驰骋田猎则心不发狂，不贪难得之货则行不被妨，不贪五味则口不爽，不贪五音则耳不聋。如此为腹而不为目，少私寡欲，则入清静无为之道或离道很近了。

下文"不见而明"之"见"，即是"不窥牖"之"窥"；"明"则是"以知天道"之"知"，即悟（道）、入（道）之意。

另外，王弼《老子道德经注》注云"虽处于今，可以知古始。故不出户、窥牖，而可**知**也"。可见王弼本原亦作"知"。作"见天道"，或许是后人受佛教经典影响所致，《金刚经》"若见诸相非相，则见如来"，"如来"即"性""道"，"见如来"即谓"见道"。

② **"明"与"名"**

帛书甲、乙本均残，乙本有"而名"二字。

流通本作"不见而名"。

"名"与"明"通用，但明暗都是用见，名只能是称、命（名），因此从经义分析，此处显然当依《校注》勘校，作"明"。

第十一章
（流通本第48章）

◎帛书本

为学者日益，闻道者日损。

损之又损，以至于无为。

无为而无以（不）^①为。

取天下也，恒无事。

及其有事也，不足以取天下。

◎流通本

为学日益，为道日损。

损之又损，以至于无为。

无为而无不^①为。

取天下常以无事。

及其有事，不足以取天下。

经文差异

①"无以为"还是"无不为"

帛书甲乙本均残缺。

流通本作"无不为"。

楚简本作"亡（无）为而亡（无）不为"。

帛书整理小组亦据通行本作"无不为"。

唯《校注》据严遵《道德真经指归》而认为此处应为"无以为"，又据"将欲取天下，恒无事；及其有事也，又不足取天下矣"，认为"无为""无事"连用，与"无为而无不为"上下语义相违背，足证今本有误。"损之又损，至于无为而无以为"，当为《老子》原本之旧。

笔者认为，《校注》或曲解了"无不为"，亦曲解了"无以为"。

老子的"无为"是不执着，不执即清静，少私寡欲。无为者，既要居有观无（无为），亦要居无观有（无不为），妙徼齐观，行于中道，一而不二，此即"无为而无不为"。是不断灭，不消极避世，积极入世教化众生，勇于担当之意。如同不住相亦包含不住非相，不取法亦含不取非法，应无所住必能生其心，能上求必能下化，能"不以物喜，不以己悲"，必能"居庙堂之高则忧其民，处江湖之远则忧其君"，真正善于放下亦必善于拿起。可见老子谓"无为"，**亦包括"无不为"**。如第 43 章云"天下莫柔弱于水，而攻坚强者莫之能胜也，以其无以易之也。柔之胜刚，弱之胜强"，水之攻坚克强即是以柔弱无为之心而行无不为之实。第 52 章"上善似水，水善利万物而有静"，"有静"即是无为，"利万物"即是无不为；第 67 章"夫唯不争，故莫能与之争"，"不争"即是无为，"莫能与之争"即是无不为。本章"取天下也，恒无事"亦然，"恒无事"即是无为，"取天下"即是无不为。**道之起妙用，便是"无不为"。无为而无不为，方是真正的清静无为，方是妙道。**

无为而无不为

无为而无不为	无为	无不为
上善似水，水善利万物而有静	有静	善利万物
取天下也，恒无事	恒无事	取天下
天下莫柔弱于水，而攻坚强者莫之能胜也	柔弱	攻坚强
夫唯不争，故莫能与之争	不争	莫能与之争

而"无为"的对立面，并非"无不为"，而是"有为"。如第 40 章"百姓之不治也，以其上**有**以**为**也"；本章"及其有事也，不足以取天下"之"有事"，即是"有为"，而"取天下也，恒无事"之"无事"，则是"无为"。**无为"与"有为"是二，然"无为"与"无不为"则是一**，此须明鉴，此所以《校注》错误之所在，误将"无不为"当作"有为"，把"无为而无不为"曲解为"无为而有为"，自然会觉得自相矛盾。

《校注》谓"无为而无以为"，指的连"无为"亦不为，亦不执着，"无为"之念亦无，即涤荡无为法之法执，与第 81 章"镇之以无名之朴，夫将不欲"同。但第 81 章系《道经》结尾，在之前以无为破有为之后，最后再破无为法之法执，即连"无为亦不为"，一丝不挂，一气呵成。而本章则完全不同，并无进一步破无为法法执之意。

另外，《校注》在注解第 58 章"执今之道"时曾引用司马迁《史记·太史公自序》一文，而同样在该文中，亦见有"无为无不为"（非"无为无以为"）：

> 道家**无为**，又曰**无不为**，其实易行，其辞难知。其术以虚无为本，以因循为**用**。无成势，无常形，故能究万物之情。不为物先，不为物后，故能为万物主。

太史公亦是言"无为而无不为"，而"以因循为用"之"用"，即是道之用，即是"无不为"之意。足见此处当从流通本或楚简本作"无不为"，《校注》校勘或有误。

第十二章
（流通本第49章）

◎帛书本

圣人恒无心，以百姓之心为心。

善者善之，不善者亦善之，

德善也。

信者信之，不信者亦信之，

德信也。

圣人之在天下，歙歙焉，

为天下浑心。

百姓皆属耳目焉[1]，

圣人皆孩之。

◎流通本

圣人无常心，以百姓心为心。

善者，吾善之，不善者，

吾亦善之，德善。

信者，吾信之；不信者，

吾亦信之，德信。

圣人在天下，

歙歙为天下浑其心。

百姓皆注其耳目[1]，

圣人皆孩之。

一、经文差异

①有无"百姓皆属耳目焉"

帛书甲本有"百姓皆属耳目焉"。

浙江书局刻明华亭张之象本及《武英殿聚珍版丛书》王弼本无"百姓皆注其耳目"七字。

王弼《老子道德经注》此处注云："各用聪明"，此四字正与"百姓皆注其耳目"意同。而"圣人皆孩之"则注云"百姓各皆注其耳目焉，吾皆孩之而已"，证明王弼本原经亦有"百姓皆注其耳目焉"一句，与帛书本并无区别。

　　帛书甲乙本之间，尚有微细差异：甲本作"属"，乙本是"注"；甲本"属耳目"，乙本是"注其耳目"，多一"其"字。关于"属"与"注"，《校注》引韦昭注："属"犹"注"也，即二字同义。

　　而是否有"其"字，于经义差别不大，关键在于"其"指的是百姓还是圣人。

二、经义分歧

1. 百姓皆属其耳目

　　《校注》释为"百姓皆注意使用耳目体察世情，以智慧判断是非"，即用眼看，用耳听，以明辨是非。此解不妥，所谓"智慧判断是非"，此智慧虽非佛教谓出世之大智，然能"判断是非"，乃是褒义。观"百姓皆属其耳目"一句，老子并非在褒扬百姓，而是相反（见下文）。况老子在全经中并无"智慧"之说，唯有"巧智"，即第 63 章"绝圣弃智，民利百倍"、第 28 章"故以智治邦，邦之贼也；以不智治邦，邦之德也"所谓"智"，此"智"乃是指的巧智，即便百姓自以为能以此巧智来"判断是非"，亦非老子所提倡，更不会褒扬，因其是有为，与老子清静无为之道相悖。

　　王弼则释为"各用其聪"，虽与《校注》释相似，但其实不同，更为贴切。

　　在全经中，出现"耳目"之处，除了本章，还有第 56 章，故而不妨结合该章来理解，经文云："五色使人之目盲，驰骋田猎使人心发狂，难得之货使人之行妨，五味使人之口爽，五音使人之耳聋。是以圣人之治也，为腹不为目。"所谓"注"，即聚焦、贪著、攀缘、追逐之意，百姓（世人）所用耳目，必然是目见色而贪色，闻声而贪声，为目不为腹，致使"目盲""耳聋"，此皆是有知有欲，多思有为，非少私寡欲，清静无为。故第 56 章即可为"百姓皆属其耳目"最佳注解。而上文提到的"其"字，则是指百姓自身，而非指的圣人。

　　而另有作"属"为"瞩目"解者，即百姓都注意到君王耳目，则与经义相违，第 61 章"（太上，不知有之）太上下，知有之"，老子开示至德之世，"民至老死不相往来"，君民彼此相忘于无为，无知无识，何须"瞩"圣人耳目？（此与鄙人《帛书道德经义贯》注解有差异，以此为准）

观诸多注疏，唯有成玄英注解较切近老子本旨："颠倒之徒，迷没世境，纵恣耳目，滞着声色。"

2. "孩之"

此亦本章关于经文注解最大分歧之一。

第一种理解，是作"阂"，也就是关闭之意，引申意为圣人让百姓闭塞耳目之聪明，使其无闻无见，也就是所谓的"愚民政策"，以利于统治。此说以高亨为代表，《校注》亦引用其说。显而易见，此解与老子本旨相距天渊，而解者不但曲解老子"愚民政策"，更曲解全经，当果断摒弃，断不能采纳。

笔者认为，"孩"字当作"婴孩"释，喻指无为之道。唯此处当作动词，而非名词，即"使复归于婴孩"。"孩"即第 18 章"含德之厚者，比于赤子"之"赤子"，第 72 章"恒德不离，复归于婴儿"之"婴儿"。而"终日号而不嗄，和之至也"，此"和之至"就是悟道、入道境界。"赤子""婴儿"就是典型的少私寡欲，为腹不为目，故"孩""婴儿""赤子"，皆是老子描绘无为之道的状态。

"圣人之在天下，歙歙焉，为天下浑心"，"歙歙""浑心"亦与"孩"之意同。而"圣人浑心以为天下"之意，就是圣人自我修行无为之道，使自己复归于"孩"，并以此教化百姓使之亦复归于孩（婴儿，赤子），此即修无为之道以治理天下，如儒家谓"修身……平天下"。然如何"为天下浑心"？"百姓皆属耳目焉，圣人皆孩之"一句即是答案，此句包括正反两方面的意思："百姓皆属耳目焉"意味百姓皆多思多欲，竞走于财色名利之间，不知足，不知止，为目不为腹，即百姓皆背离无为之道，离道悬远，必有"殆"。下一句"圣人皆孩之"则是圣人发心为天下百姓，欲开示其无为之道，使之皆复归于道，复归于婴儿，复归于赤子，复归于"孩"。而"圣人皆孩之"之"皆"字，即是对前文"善者善之，不善者亦善之。信者信之，不信者亦信之"之注解，意指圣人无分别心，对百姓一视同仁，发愿令所有百姓皆入清静无为之道，亦即"圣人不仁，以百姓为刍狗"之大仁。

第 47 章亦可与本章互释，经文云："不见可欲，使民不乱。是以圣人之治也，虚其心，实其腹，弱其志，强其骨。恒使民无知无欲也，使夫智不敢、弗为而已，则无不治矣。"本章"百姓皆属其耳目"，即是百姓"见可欲""有知有欲""敢""有为"；"圣人皆孩之"则是"不见可欲""虚其心，实其腹，弱其志，强其骨。恒使民无知无欲""不敢""弗为"。

虽亦见有作"婴孩"解者，但多释为圣人要像爱护自己的婴孩一样爱抚百姓，则明显不妥。

王弼《老子道德经注》解："是以圣人之于天下歙歙焉，心无所主也；为天下浑心焉，意无所适莫也。无所察焉，百姓何避？无所求焉，百姓何应？无避无应，则莫不用其情矣。"此解甚为贴切。唯以"则言者言其所知，行者行其所能"作"百姓各皆注其耳目焉，吾皆孩之而已"之注解，不妥。

第十三章

（流通本第50章）

◎帛书本

出生入死。

生之徒十有三，

死之徒十有三。

而民生生①，

动皆之死地之十有三。

夫何故也？以其生生也②。

盖闻善摄生者：**陵**③行不**避**④兕虎，

入军不被甲兵，兕无所投其角，

虎无所措其爪，兵无所容其刃，

夫何故也？以其无死地焉。

◎流通本

出生入死。

生之徒，十有三，

死之徒，十有三。

人之生①，

动之死地，亦十有三。

夫何故？以其生生之**厚**②。

盖闻善摄生者：**陆**③行不**遇**④兕虎，

入军不被甲兵，兕无所投其角，

虎无所措其爪，兵无所容其刃。

夫何故？以其无死地。

经文差异

① "而民生生"与"人之生"

帛书本作"而民生生"。

流通本作"人之生"。

"民"与"人"同义，两版本差别在于"生生"还是"生"。

要明白这点，需要清楚本章经文义理。第一句言"出生入死"，乃至本章共出现6个"生"、4个"死"字，似乎是在说生死问题。

先分析"出生入死"。所谓"出"，有长出之意，长出来即是生，人出生时乃是从娘胎内"出"到外，因此出生即是指出而生，也就是生。而与此相反，"入"则是指的死亡，入于"死地"。人死后要入土为安、入墓、入灭，如同出来到世上走一遭，最后要归去（入）一样，因此入死即是指的死。"出生入死"，其实就是出而得生，入而趋死，更简单说就是指的生死。

然结合经文分析，老子所谓"生"与"死"，并非狭义的生理学或医学意义上的肉体生存和死亡。下文"盖闻善摄生者"之"摄生"，即是指的以柔弱无为之道养身、治国。道之起妙用而生生不息，生机盎然，生机勃勃，此谓之"善摄生"而得生。经中老子开示养生之道"心平则气和，气和则精固，精固则神安"，此精气神具足即是因"善摄身"而得生。而君王以无为之道治国，则政权会长治久安，国家富强，民"甘其食，美其服，乐其俗，安其居"（修之邦，其德乃丰），如第22章"有国之母，可以长久。是谓深根固柢，长生久视之道也"，此"长久""长生久视"，皆谓之"善摄生"而得生。可见"生"并非狭义的肉体生存、活下来之意。

与此相反，若背离柔弱无为之道而刚强有为，则系"不善摄生"，不善摄生，则必"入死"（入于死地）：于个人则会无精打采、死气沉沉，甚至出现生命危险。于君王，则所统治之国民不聊生，民不畏死而四处迁徙（第30章"使民重死而远徙"），政权出现垮台危机乃至最终倒台，都谓之因"不善摄生"而"入死"。

而"生之徒"与"死之徒"，在第41章亦有出现，"坚强者死之徒也，柔弱者生之徒也"，彼"坚强"即是有为，即是入"死地"之"死之徒"；"柔弱"则是指的无为，是"生之徒"。彼章下文"兵强则不胜，木强则恒"之"强"即是有为，是"死之徒"，"不胜、恒"即是"死地"。彼"死之徒"与本章"死之徒"意同，然"生之徒"则不一样，彼是指的柔弱无为之道，而本章则是指的有为，因被老子归入不"善摄生"一类，故非真正意义的"生之徒"。

综合全经分析，"无为则生，有为则死"，乃是贯穿全经主题，脉络清晰，如：

第18章"物壮即老，谓之不道，不道早已"，第74章"物壮而老，是谓之不道，不道早已"。两句经文之"早已"即是"死"，而"物壮""不道"则是有为。"物壮""以兵强于天下"是有为，不是清静无为之道（不道），不合柔弱无为之道则必会落入死地。

第 22 章"治人事天莫若啬……有国之母，可以长久。是谓深根固柢，长生久视之道也"，"啬"即是无为，"长久""深根固柢，长生久视"则是"活"地，"无死地"。

第 29 章"非以其无争与，故天下莫能与争"，"无争"即是无为，"天下莫能与争"即是"活"地，即是"无死地"。

第 34 章"吾不敢为主而为客，吾不敢进寸而退尺"，即是无为，即是"生"地。

第 38 章"勇于敢者则杀，勇于不敢者则活"，"勇于敢"即是有为，即是不善摄生者；"勇于不敢"则是无为，是善摄生者。"杀"即是"死地"，"活"则是"生"地。

第 47 章"使夫智不敢、弗为而已，则无不治矣"，"不敢、弗为"即是无为，"无不治"即是"生"地。

第 49 章"虚而不屈，动而愈出"之"虚"即是无为，"不屈、愈出"，即是"生"地。

第 50 章"谷神不死……绵绵呵若存，用之不勤"，此"不死"即指的道永恒不灭而无"死地"，"用之不勤"即是"生"地。

第 52 章"夫唯不争，故无尤"，不争即是无为，"无尤"即是"生"地。

第 53 章"富贵而骄，自遗咎也"，"富贵而骄"即是有为，"遗咎"即是"死地"。

第 56 章"五色使人之目盲，驰骋田猎使人心发狂，难得之货使人之行妨，五味使人之口爽，五音使人之耳聋"，贪"五色、驰骋田猎、难得之货、五味、五音"即是有为，"目盲、心发狂、行妨、口爽、耳聋"即是"死地"，"为腹不为目"则是无为，是"生"地。

第 57 章"为吾有身也，及吾无身，有何患"，其"有身"即是有为，"患"即是"死地"，而"无身"则是无为，无患（有何患）则是"生"地。

第 60 章"不知常，妄，妄作，凶"之"不知常"即是有为，"凶"即是死地。

第 67 章"夫慈，故能勇；俭，故能广；不敢为天下先，故能为成器长"之"慈、俭、不敢为天下先"即是无为，"勇、广、成器长"即是"生"地；而"舍其慈、舍其俭、舍其后"则是有为，"则必死矣"即是"死地"。

第 77 章"不失其所者久也，死而不亡者寿也"，"不亡"即是不失无为之道，"死而不亡"即是"生"地。

第 80 章"柔弱胜强，鱼不可脱于渊，邦利器不可以示人""将欲翕之，必固张之；将欲弱之，必固强之；将欲去之，必固举之；将欲夺之，必固与之"，鱼脱于渊，邦利器示人即是有为，被"翕之、张之、弱之、去之、夺之"，即是"死地"；"柔弱胜强"即是柔弱出而得生，刚强入而趋死（出生入死）。

再看看"生之徒、死之徒、生生之民"三类人，实则都是不善养生者，与"善摄生者"相反，皆是"出生入死"。第一类"生之徒"是世人眼中善养生的，即重视色身保养，这类人看似善养生，然因其有生可养，非"无以生为者""及吾无身"，故非真的善摄生，非清静无为而是有为，出而求生，则终必入死，欲生反死，因为方法不对，在圣人看来属于不"善摄生者"，故置于"出生入死……盖闻善摄生者"之间，非真正的"生之徒"。世人于此类人不易明辨，亦如急欲人知之善行，世人看来是善，实则是恶，善处即是恶根。

第二类"死之徒"是世人眼中不善养生的，比如好吃喝嫖赌抽乃至嗜欲戕生等等，这类人分明是自寻死路，世人一看便知，泾渭分明，如同善恶是非一样，并无争议。

第三类人则介于二者之间，其所谓"动皆死地"之"动"，即是贪、可欲、欲得，"五色、驰骋田猎、难得之货、五味、五音"即是其"死地"。动而欲得，得而不知足，不知足必有灾祸。故动必"入死"地。第 18 章"益生曰祥"即此类，"祥"即"灾祥""死地"，"益生"即"动"。

为何此三类人行有为即必入"死地"？因其皆背离柔弱清静无为之养生正道。老子谓善养生者，无生可养，无身可养，如第 40 章云"夫唯无以生为者，是贤贵生"、第 57 章"及吾无身"，方是养生的最高境界，方是"善摄生者"。此亦与第 18 章云"含德之厚者，比于赤子"同。"赤子"柔弱而无私无欲，无有妄念，不虚妄分别，为腹不为目，即合于清静无为之道，即是生地而"无死地"，故"蜂虿虺蛇弗螫，攫鸟猛兽弗搏"，同于本章"陵行不避兕虎，入军不被甲兵，兕无所投其角，虎无所措其爪，兵无所容其刃"。

有为者，即刚强好胜，好争，贪著财色名利，多思多欲。盖凡是有为者，眼耳鼻舌必贪色声香味，则各种魔必然会托色声香味而入，将贪者带入"死地"。如贪吃，则病魔会托美食而入，从而患上三高等心血管病，最终入于"死地"；贪烟酒，癌细胞便会托烟酒而入贪者之肺、肝，令贪者入"死地"。因此所谓死地，是贪者之"死穴"，此"死穴"便是贪，故必"出生入死"。而无为者，少私寡欲，不贪六尘，不贪便无"死穴"，无"死地"，故只会"出生"而不会"入死"（死而不亡者寿）。

老子虽然本意是让世人修无为之道而摄生，劝令三类不"善摄生"者复归于赤子，归于婴儿。但重点当是在劝告第三类人，莫动而追逐五色以养生，要少私寡欲，不要为"生"生而妄动；同时亦意在接引第一类人，毕竟其根器胜于另两类。而对于第二类则无可救药，"知我者希，则我者贵"。

回到"而民生生"，按《校注》所云，"生生"是一动宾结构之短语，前一"生"是奉养，后一"生"则是生命，即"过分地奉养生命"。笔者认为，"动皆死地"之"动"字，即是对应的贪执、奉养，换言之，贪执、奉养即是"动"，虽"生"字亦可名词作动词用，即奉养生命，但考虑到"动"字，以及下文同样是动宾结构之"摄生"，故此处从帛书本作"生生"更为妥当。

②有无"之厚"

流通本多"之厚"二字。

帛书本无。

综合上文分析，此二字当是后人不解经义，受第40章"民之轻死，以其求生之厚也"影响而妄增，如《校注》所言，"实属画蛇添足，多此一举"。

③"陵"与"陆"

帛书本作"陵行"。

流通本作"陆行"。

《校注》云:"按兕虎猛兽,当处山陵,不处大陆,此当从帛书作'陵行'。"

④"避"与"遇"
帛书本作"不避兕虎"。
流通本作"不遇兕虎"。

"不避"是完全可能遇上,但不用刻意躲避;"不遇"是不会遇到。结合下文"兕无所投其角"分析,经义并非指遇不到,而是即便遇到了,兕也不会伤害他,因此不用刻意避让,为何?因"善摄生者"无死地。综合分析,显然当从帛书本作"不避"。另,《韩非子·解老》云:"兕虎有域,动静有时,避其式,省其时,则免其兕虎之害矣。"《韩非子·解老》未得老子本旨,不妥。

第十四章
（流通本第51章）

◎帛书本

道生之而德畜之，
物形之而**器成之**①。
是以万物尊道而贵德。
道之尊，德之贵也，
夫莫之**爵**②，而恒自然也。
道生之、畜之、长之、育之、
亭之、毒之、养之、覆之。
生而弗有也，为而弗恃也，
长而弗宰也，此之谓玄德。

◎流通本

道生之，德畜之，
物形之，**势成之**①。
是以万物莫不尊道而贵德。
道之尊，德之贵，
夫莫之**命**②而常自然。
故道生之，德畜之、长之、育之、
亭之、毒之，养之、覆之。
生而不有，为而不恃，
长而不宰，是谓玄德。

经文差异

①"器成之"与"势成之"

帛书本作"器成之"。

流通本作"势成之"。

《校注》谓"器""势"古读音相同，可互相假用，但彼此意义不同。哪一个是本字，则需结合经文分析明辨。

器者，器皿、器具，泛指用具。朱熹《四书章句集注》"器者，各适其用而不能相通"。邢昺《正义》云："器者，物象之名。形器既成，各周其用。若舟楫以济川，车舆以行陆。"第72章"朴散则为器，圣人用则为官长"。器必有其用，即道之**用**。而"物形之"，则说明物有形状，因此"物"谓道之**相**，道与德则是**体**。综上可知，**道德、物、器**，分别表道之**"体、相、用"**，思路非常清晰。体如刀片之材料钢，相（物）如刀片之种种形状，用则是用途，是手术刀（器）还是凶器，是善用还是恶用。"物形之而器成之"，器由物成，有物必有器，器即是物之归宿，物大而器小。即如有形状之钢材水泥，可建造成房屋（器）；有了有形之瓷，瓷器就造成了；有了有形之木与铜，乐器就制作成了。

另外，第3章"大器免成"，"器"与"成"连用。彼是大器，此是小器，器虽有大小，但"器"与"成"均应连用，故此处亦当是"器成"而非"势成"。

而"势"指的自然界的现象或形势，或一切事物力量表现出来的趋向，泛指局面、形势，再引申为姿态、样子，此处作"势成之"则显然不妥。

②**"爵"与"命"**

帛书本作"莫之爵"。

流通本作"莫之命"。

"爵"即爵位，此处作动词，即封爵、赐爵、加官晋爵之意。"道生之，德蓄之，物形之而器成之"，即是第4章"天下之物生于有，有生于无"、第5章"道生一……三生万物"之意。世间万物皆由道与德所生，道与德为万物之母，母凭子贵，自然无需他人封爵而永恒不失。为何？若是受他人所封而得，则必然会因他人收回而失，其尊位不过暂时而已，迟早会失去，哪怕如朱元璋赐予李善长的免死铁券，今日可赐予，明日亦可收回，不能免于一死。而道德之尊位则不同，不是靠他人所封，无得而得，自然不会失去。

而若用"命"，即"任命"之意，似勉强说得通，但对应"尊""贵"，显然不妥，当从帛书本用"爵"才是。

第十五章
（流通本第52章）

◎帛书本

天下有始，以为天下母。

既得其母，以知其子。

既知其子，复守其母。

没身不殆。

塞其兑，闭其门，终身不勤。

启其兑，济其事，终身不救。

见小曰明，守柔曰强。

用其光，复归其明，

毋遗身殃，是谓**袭常**①。

◎流通本

天下有始，以为天下母。

既得其母，以知其子，

既知其子，复守其母，

没身不殆。

塞其兑，闭其门，终身不勤。

开其兑，济其事，终身不救。

见小曰明，守柔曰强。

用其光，复归其明，

无遗身殃，是为**习常**①。

经文差异

①"袭常"与"习常"

帛书本作"袭"。

流通本作"习"。

"袭"与"习"，音同而意别，或说是同音借字，但孰是本字，需要辨析之后订正，否则围绕此错字，千人再作千解，离老子本旨悬远。

王弼《老子道德经注》注文为"道之常也"，仅释"常"，而未说"习"。

很多注解流通本之"习"为修习，即修习常道。乍一看似乎并无不妥，然"习"则说明虽在修，但尚未入道，未入道则有"殃""殆"，与"毋遗身殃""没身不殆"相悖，与经义不合。

朱谦之综合第60章"复命曰常，知常曰明"，第18章"知和曰常，知常曰明"，第77章"知人者智，自知者明"，第15章"见小曰明""用其光，复归其明"，第67章"不自见故明"，第66章"自见不明"，第21章"光而不耀"，第18章、第48章"和其光"等章节经文，认为"和光同尘，光而不耀，是韬藏其光，亦即《庄子·齐物论》所谓'葆光不光'，此之谓'袭裳'也。'不自见故明'，'明道若昧'（第3章），则是韬藏其明，'是谓微明'（第80章），'是谓袭明'（第71章），盖'袭明'之与'袭常'，似同而实异也。"又说："常，《说文》：'下帬也，从巾尚声，或从衣。'盖'常'即古'裳'字。《释名》：'裳，障也；所以自障蔽也。'此云'袭常'，与第27章'是谓袭明'，同有韬光匿明之意。"

朱谦之意思是说，"袭"就是隐藏的意思，"常"同"裳"，也就是衣裳，衣裳用来干什么，遮盖身体，因而此处"常"就是用来遮盖光明，同于第71章"是谓袭明"之"袭明"。

《校注》赞同朱谦之所说。笔者则认为，恰好相反，朱谦之所注太过牵强，大违经文，实为不妥！

先看经文，上一章言道生万物，为万物之母（道生之而德畜之，物形之而器成之，是以万物尊道而贵德）。本章乃是承接上一章而来：既然知道生万物，道为母，万物为子，则亦应知如何守道。"天下有始，以为天下母"就是上一章"道生之而德畜之，物形之而器成之"。"既知其子，复守其母""塞其兑，闭其门""见小""守柔"则是守道之方。"没身不殆""终身不勤""毋遗身殃"，则是守道之功效。而"启其兑，济其事"则是失道之因，"终身不救"则是失道之果。因此本章主旨是说守道之方与失道之因，乃至所得之果，思路非常清晰。

理清了这一点，就不难明白是"袭常"还是"习常"，以及其具体涵义。"常"即是前文"见小曰明，守柔曰强"之"小"与"柔"，能"见小""守柔"，即是智慧之光。"复归其明"即是复归大道，而"归明"即入道，入道即如车行驶在正道上而无危险，故言"毋遗身殃""没身不殆"，道内无殆、道外有殆，道内无殃、道外有殃，这就是守道入道之妙方。"是谓袭常"

即"复归其明",就是守道、入道、顺道,"袭"即承袭、沿袭之意。而"常"则指的常道,无为之道,即"天下有始,以为天下母"之"始""母"。"袭常"即承袭无为之道,即"见小""守柔""复守其母"。即如走在道内,不偏离,如同承袭家业则不会败家。此与第65章"以顺众父"意同,"袭"亦即"顺"之意,顺于大道。

另外,对于"见小曰明",非朱谦之所谓隐藏、韬匿、和光之意。此"小"乃同于第67章"古之所谓曲全者,几语哉"之"几",即几微。大道之言,甚深微妙,世人难测(第59章"微妙玄达,深不可识"),如知其雄守其雌,知其荣守其辱,知其白守其黑,贵以贱为本,高以下为基,强大处下,柔弱居上,柔弱生之徒,坚强死之徒……都难知难识,能通达这些道理就是"见小"。因此见小即是"见"道,入道。而朱谦之解第71章"是谓袭明"为"隐匿光明",亦明显是错。可见朱谦之所解大违经文,而《校注》更是予以点赞,须明鉴。

"没身不殆"乃至"常""明"等字,在第60章亦有出现,因此不妨再结合分析分析。经文"复命常也,知常明也。不知常,妄,妄作,凶。知常容,容乃公,公乃王,王乃天,天乃道,道乃久。没身不殆","复命常也,知常明也"即复归于道,与本章"用其光,复归其明"同。"乃"意为就是,"容乃公,公乃王,王乃天,天乃道,道乃久",即常=容=公=王=天=道,可见"常"就是指的"道",知常就是知道,而道=不殆,因为行驶(走)在道内自然安全,故说"没身不殆",此与本章经义完全相同。

综合分析,此处当从帛书本作"袭常"而非"习常"。

第十六章
（流通本第53章）

◎帛书本

使我**挈**①有知，
行于大道，唯**迤**②是畏。
大道甚夷，民甚好径。
朝甚除，田甚芜，
仓甚虚。服文采，
带利剑，猒饮食，
资财有余。
是谓盗**竽**③，非道也哉！

◎流通本

使我**介**①然有知，
行于大道，唯**施**②是畏。
大道甚夷，而民好径。
朝甚除，田甚芜，
仓甚虚。服文彩，
带利剑，厌饮食，
财货有余。
是为盗**夸**③，非道也哉！

经文差异

①"挈"与"介"
帛书本作"挈"。
流通本作"介"。

《校注》勘校同帛书甲本作"挈"，引申为持握或掌握。"使我挈有知"，谓假使我掌握了知识。

笔者亦觉得当作"挈"，但释为"持握或掌握（了知识）"，则明显不妥。观下一句"行于大道"，说明"挈有知"乃是入道。而老子之道，是要涤荡"有知"而入"无知"（无识），从多思多欲到少私寡欲，方是入道（行于大道），如第 27 章"恒使民无知无欲也"，而并非使自己"有知"（有欲）。而释为"掌握了知识"就更不妥了。此处老子本意当为"使我无知无欲，行于大道"，欲"无知"，必须护持好自己的心念，破除、管控、约束自己的"有知"，使自己的有知变为无知。而"挈"本有"带、领"之意，作为领队、领导，其职责便是管控、约束属下。成语提纲挈领之"挈"亦即提起、收起之意。因此"挈有知"即是管控、约束、收起、降伏我的"有知"，有知被管控，则证无知，入无为之道。而下文"唯迤是畏"，意在提醒入道之后当谨慎守道，莫入邪道（"民甚好径"），此承上一章"复守其母""是谓袭常"，继续说入道与守道功夫，脉络清晰。

或问，"知其雄守其雌，知其荣守其辱，知其白守其黑""知常容"等，不亦是"知"吗？没错，此知即知"道"，既知道者，必是"无知"，就无需用"有知"了，直接言"使我行于大道"即可，加一"有"则不通畅了。

至于"介"字，《校注》认为"挈""介"古读音相同，"介"乃"挈"之借字。笔者觉得若作"介"本字，则无论作何释都觉勉强。

②"迤"与"施"

帛书本作"他"，《校注》云假"他"字为"迤"。

流通本作"施"。

笔者觉得，此处作"施"，无论作何注解都与经义相违。如憨山大师释为传道之"法布施"，《韩非子·解老》释为"貌施"，后人更进一步释"貌"为"饰巧诈"。更有作施设、施与释，此等说法皆不妥。

唯清朝王念孙云："'施'读为'迤'。'迤'，邪也。"《校注》亦赞同此说，认为"施""他""迤"字，古皆同音，均假为"迤"。

结合下文经文分析，笔者赞同《校注》所说，此处显然当作"迤"，即逶迤（"五岭逶迤腾细浪"），引申为蜿蜒曲折、崎岖不平之邪道，与"行于大道"之"大道"相反。下文"大道甚夷，民甚好径"之"夷"，即是平坦之意，而"径"则必然崎岖不平，即"迤"。大道"夷"而径"迤"，大道对径，夷对迤。守道之人，当谨慎护持自己心念，使自己无知无识，合于清静无为无知无欲之平坦大道，而莫使自己一不小心陷入有为有知有欲之崎岖邪道。如此释于经义方畅通。

③ "盗竽"与"盗夸"

帛书甲本残损，乙本仅存右部木旁，帛书整理小组云《韩非子·解老》作"盗竽"。

流通本作"盗夸"。

王弼《老子道德经注》云："凡物，不以其道得之，则皆邪也，邪则盗也。夸而不以其道得之，盗夸也；贵而不以其道得之，窃位也。故举非道以明，非道则皆盗夸也。"楼宇烈意谓其奢侈生活是以不正当之手段（盗）得来的，即"夸"是夸张、奢侈之意，"盗夸"即盗来的奢侈品或奢侈生活。更有作奢侈的强盗解。

笔者觉得，上述关于"夸"之注解皆不妥。不妨再分析分析"盗竽"，按《韩非子·解老》，"竽也者，五声之长者也，故竽先则钟瑟皆随，竽唱则诸乐皆和。"意即"竽"为"首"，上行必下效，上有好者，下必甚焉。

观本章经文，言"行于大道"，圣人行于大道为何？治理国家，即第72章云"圣人用则为官长"，如何治理？第28章云当"以不智治邦，邦之德也""故以智治邦，邦之贼也"，此"贼"即是"盗"，而"邦之贼"即国家的贼，一国之贼首，贼头目，即首盗或盗首，与"盗竽"之意完全相同。再看下文，"田甚芜，仓甚虚"之根源是为上者"朝甚除，服文采，带利剑，猒饮食，资财有余"，此亦同于第56章"五色使人之目盲，驰骋田猎使人心发狂，难得之货使人之行妨，五味使人之口爽，五音使人之耳聋"，为目而不为腹，非"圣人之治"。可见本章是在说为君者、为首脑者、为头目者，故当作"竽"而非"夸"。

第十七章

（流通本第54章）

◎帛书本	◎流通本
善建者不拔，	善建者不拔，
善抱者不脱，	善抱者不脱，
子孙以祭祀不**绝**①。	子孙以祭祀不**辍**①。
修之身，其德乃真。	修之于身，其德乃真。
修之家，其德有余。	修之于家，其德乃余。
修之乡，其德乃长。	修之于乡，其德乃长。
修之邦，其德乃丰。	修之于国，其德乃丰。
修之天下，其德乃**博**②。	修之于天下，其德乃**普**②。
以身观身，以家观家，	故以身观身，以家观家，
以乡观乡，以邦观邦，	以乡观乡，以国观国，
以天下观天下。	以天下观天下。
吾何以知天下之然哉？以此。	吾何以知天下然哉？以此。

经文差异

①"绝"与"辍"

帛书本作"不绝"。

流通本作"不辍"。

绝和辍二字当可互用，不影响经义。

② "博"与"普"

帛书本作"博"。

流通本作"普"。

博是广博、博大之意，而普谓普遍、普及，《坛经》云"心地含诸种，普雨悉皆萌"。故笔者认为，二字亦可互用，不违经义。

第十八章
（流通本第55章）

◎帛书本

含德之厚者，比于赤子。

蜂虿虺蛇弗螫，

攫鸟猛兽弗搏①。

骨弱筋柔而握固，

未知牝牡之会而朘怒②，

精之至也。

终日号而不嚘③，和之至也。

和曰常，知和④**曰明，**

益生曰祥，心使气曰强。

物壮即老，谓之不道，

不道早已。

◎流通本

含德之厚，比于赤子。

蜂虿虺蛇不螫，

猛兽不据，攫鸟不搏①。

骨弱筋柔而握固，

未知牝牡之合而**全作**②，

精之至也。

终日号而不嗄③，和之至也。

知和曰常，知常④**曰明，**

益生曰祥，心使气曰强。

物壮则老，谓之不道，

不道早已。

经文差异

①"攫鸟猛兽"与"猛兽攫鸟"

帛书本作"攫鸟猛兽弗搏"。

流通本作"猛兽不据，攫鸟不搏"。

两个版本均不违经义，但文字结构差别明显，则必然有一版本系被后人改动。验之楚简本，作"攫鸟猛兽弗扣"，仅有"博"作"扣"之别，余完全与帛书本一样，足证帛书本无误。

②"朘怒"与"全作"

帛书本作"朘怒"。

流通本作"全作"。

按《校注》："朘""全"同音相假，在此均指男性婴儿之生殖器。

③"嚘"与"嗄"

帛书本：帛书整理小组参照甲本复原作"嚘"。

流通本作"嗄"。

流通本之"嗄"较易理解，即声音沙哑，婴儿终日啼哭但是嗓子不会沙哑，文通字顺。

至于"嚘"字，《玉篇·口部》："嚘，气逆也"，何为气逆？指气上冲，气本应下降，今反上冲，则气不和，不和自然不顺。气为何会上冲？嗔怒，心不平。心平则气和，心不平则气不和。从医学上讲，凡是情绪激动之时，就容易出现气逆。如岳飞《满江红》"怒发冲冠"，就是气上冲不顺，就是气逆。成人哭闹必然伴随情绪波动，导致气机紊乱，上气不接下气，就容易出现气逆。然婴儿虽哭，但仅仅是本能，是表达生理诉求，情绪并未波动，因此就不会气逆。

再看本章经文，"终日号而不嚘，**和**之至也。**和**曰常，知**和**曰明，益生曰祥，**心使气**曰强"，此句经文可概括为"心平气和"四字，此亦本章经文主旨。心平则气和（气顺而不逆），心不平则气不和（气逆）。老子谓养生之道，关键在气和（气不逆），气不和则如"物壮而亡"，气和则如物柔而生。而欲气和，需要心平。因此如赤子一样，心平气和，"复归于婴儿"，方是养生之正道。

再则，婴儿终日啼哭而不会气逆（嚘），但却不能保证嗓子不会沙哑（嗄）。综合分析，"气逆"显然比"沙哑"更契合经文，故当从帛书本作"嚘"。

④ "和"与"知和";"知和"与"知常"

帛书甲本作"和曰常，知和曰明"，乙本作"知和曰常，知常曰明"。流通本则同帛书乙本作"知和曰常，知常曰明"。

《校注》认为甲本"抄写不慎之过也"。

虽然帛书甲本（刘邦之前）比乙本（刘邦之后，汉文帝之前）更早，但流通本亦与乙本完全一致，要证明甲本为真，尚需更具说服力的理由：

1. 从经义分析

"和曰常"与"知和曰常"，一字之差，意义迥别。和是名词，是一种状态，和曰常即和就是常，和与常是一不是二，和即是常，这是客观事实，不以"知"还是"不知"为转移：知，和也是常；不知，和也是常。比如心平气和就是平常心，而不是知道心平气和就已经是平常心了。"心地清净方为道，退步原来是向前"，心底清净就是道，而不是知"心底清净"就是入道；退步就是向前，而不是知退步就已经是向前了。

"知和"则是动宾结构，知和是一种状态，一种修道境界，知与不知，"如鱼饮水，冷暖自知"。知和与不知和，境界悬殊。知即智，明即慧。知即明，知和则明，不知和则不明。

"知和曰明"，而不说"知和曰常"。明是明理，是悟，能知晓养身修道应该心平气和、忍辱柔和，就是明理了，就是通常所说的"明白人"。至于"常"，在本经中指的是（常）"道"。若作"知和曰常"，意即知晓就算入道了，知道该怎么到北京就等于到北京了，知晓应心平气和就入道了，显然不是。知（悟）道与做到（入道）尚是两回事：知道未必能做到，还需要知（悟）后起修，知道步行去北京的线路，还需要脚踏实地，始于足下，方能到北京；而能做到则必然知道。故不能说"知和曰**常**"，而只能说"和曰常"及"知和曰**明**"。

而至于"知常曰明"，虽然经义并无问题，但如前所言，本章经文"**和**之至也。**和**曰常，知**和**曰明，益生曰祥，**心使气**曰强"，明显是在开示养生之道，其核心是心平气和，重点是在说"和"而非说"常"，是让养生之人当养"气"，气和则精固，精固则神安。故而当作"知和曰明"而非"知常曰明"。

后人擅改为"知和曰常，知常曰明"，当是受第60章"复命常也，知常明也"影响所致，擅改者误解了经文，故致随意改动。观第60章言"复命常也"，即复命就是常，而非"知复命曰常"，同于本章帛书甲本"和曰常"。而"知常明也"则同于本章帛书甲本"知和曰明"，知即是明，无论知"和"还是知"常"，都谓之"明"。

2. 从经文结构分析

"和曰常"与下文"益生曰祥，心使气曰强"句型结构完全一样，唯意义刚好相反而已。前者是"和"，是正确的养生之道；后者则是"不和"，即"不和曰非常"，若再加上一句"不知和曰不明（或暗）"，就更清楚了。

3. 对比楚简本

如之前所言，楚简本虽然残缺不全，但毕竟比帛书本更早，正巧此段经文保存完整，故亦可以参考，楚本亦作"和曰常，知和曰明"，正与帛书甲本完全一致。

故而当从帛书甲本，甚为明了。

第十九章

（流通本第56章）

◎帛书本	◎流通本
知者弗言，言者弗知。	知者不言，言者不知。
塞其兑，闭其门。	塞其兑，闭其门。
和其光，同其尘。	**挫其锐，解其分。**
挫其锐，解其纷①。	**和其光，同其尘**①。
是谓玄同。	是谓玄同。
故不可得而亲，	故不可得而亲，
亦不可得而疏；	不可得而疏；
不可得而利，亦不可得而害；	不可得而利，不可得而害；
不可得而贵，亦不可得而贱。	不可得而贵，不可得而贱。
故为天下贵。	故为天下贵。

一、经文差异

①"和光同尘，挫锐解纷"与"挫锐解纷，和光同尘"

帛书本作"和其光，同其尘。挫其锐，解其纷"。

流通本作"挫其锐，解其纷。和其光，同其尘"。

两个版本顺序相反，虽不影响经义，但楚简本亦同帛书本，故而流通本很可能系后人改动。

另外，此几句在其他章节尚有出现：第15章"塞其兑，闭其门……

启其兑，济其事"，第48章"挫其锐，解其纷，和其光，同其尘"。故而曾有人疑此为重复，疑是衍文。如清易顺鼎云："按此六句皆已见前，疑为复出。'挫其锐'四句与上篇第四章同，乃上篇无注，而此皆有注，疑此注亦上篇第四章之注也。"易顺鼎所谓"上篇无注，而此皆有注"，或因帛书本是先德经后道经，故而本章在前，第48章在后，前有注而后不再重复注，故此章有注而彼章（下篇）无注，实属正常，而非"上篇无注，而此皆有注"。再则，蒋锡昌于此说也有纠正，具体可参见《校注》。

二、经义分歧

经文"故不可得而亲，亦不可得而疏；不可得而利，亦不可得而害；不可得而贵，亦不可得而贱"，《校注》释为"'不可得'犹言'不得'或'不使'，犹言不得与其亲，也不得与其疏"。

王弼《老子道德经注》则释为："可得而亲，则可得而疏也。可得而利，则可得而害也。可得而贵，则可得而贱也。"

须知本章老子意在开示人忘言体道，而道之体无善无恶、无长无短、无前无后，无亲疏、贵贱、利害，故有道之圣人"恒善救人，而无弃人"（第71章），"善者善之，不善者亦善之……信者信之，不信者亦信之"（第12章）。王弼本注解虽未进一步展开，但亦可见其更切近经义，而《校注》所释则明显与经义相违。

第二十章
（流通本第57章）

◎帛书本	◎流通本
以正治邦，以奇用兵，	以正治国，以奇用兵，
以无事取天下。	以无事取天下。
吾何以知其然也哉①？	吾何以知其然哉？**以此**①。
夫天下多忌讳，而民弥贫。	天下多忌讳，而民弥贫。
民多利器，而邦家滋昏。	民多利器，国家滋昏；
人多伎巧，而奇物滋起。	人多伎巧，奇物滋起；
法物滋彰，而盗贼多有。	法令滋彰，盗贼多有。
是以圣人之言曰：	故圣人云：
我无为而民自化，	我无为而民自化，
我好静而民自正，	我好静而民自正，
我无事而民自富，	我无事而民自富，
我**欲不欲**②而民自朴。	我**无欲**②而民自朴。

经文差别

①有无"以此"

帛书本无"以此"二字。

流通本多"以此"二字。

参考第65章"吾何以知众父之然也？以此"，彼"以此"是作为章末结句。而此处"以此"之下并非开启下文，即并非章末结句。

分析本章结构：

一开始老子便提出自己观点，即"以正治邦，以奇用兵，以无事取天下"。

紧接着，"吾何以知其然也哉"之下，即是从反面展开说明为何应"以正治邦，以奇用兵，以无事取天下"，若不"以正治邦，以奇用兵，以无事取天下"，则必然"民弥贫，邦家滋昏，奇物滋起，盗贼多有"。

最后，再引圣人之言"我无为而民自化，我好静而民自正，我无事而民自富，我欲不欲而民自朴"，从正面来印证前文自己的观点。

全章前后照应，逻辑清晰。另，楚简本亦同帛书本，足见王弼本"以此"二字乃由后人妄增。

②"欲不欲"与"无欲"

帛书本作"欲不欲"。

流通本作"无欲"。

"欲不欲"与"无欲"，一字之差，意义不同。然王弼《老子道德经注》注文"上之所欲，民从之速也。我之所欲唯无欲，而民亦无欲而自朴也"，此证明王弼原本经文也作"欲不欲"。此经文与注文不一致，印证了楼宇烈所言：王弼本的经文，很多都被后人按通行本改过了。

既然流通本与帛书本同，就无需对"欲不欲"与"无欲"之差别展开分析。

第二十一章
（流通本第58章）

◎帛书本

其政闷闷，其民惇惇。

其政察察，其民**狭狭**①。

祸，福之所倚；

福，祸之所伏。

孰知其极？

其无正也，正复为奇，

善复为妖。

人之迷也，其日固久矣。

是以②方而不割，

廉而不刺，直而不肆，

光而不耀。

◎流通本

其政闷闷，其民淳淳；

其政察察，其民**缺缺**①。

祸兮福之所倚，

福兮祸之所伏。

孰知其极？

其无正，正复为奇，

善复为妖。

人之迷，其日固久。

是以圣人②方而不割，

廉而不刿，直而不肆，

光而不耀。

经文差异

①"狭狭"与"缺缺"

帛书本作"夬"，《校注》勘校"夬"借为"狭"。

流通本作"缺缺"。

《校注》引高亨云："'夬''缺'均借为'狭狭'"，即狡诈之意。笔者认为，从经文结构分析，作狡诈解，正与"察察"相近，而与"惇惇"相反，故而《校注》可从。

②有无"圣人"

帛书本无"圣人"。

流通本有"圣人"。

笔者觉得此处不当有"圣人"二字,但《校注》所释则略显牵强,欠说服力。"是以"即因此、所以之意,故"方而不割,廉而不刺,直而不肆,光而不耀"乃是承上文"人之迷也,其日固久矣"而来,其针对的是上文固久之迷人。因其迷失无为之道很久了,如此为政,则非上一章所云"以正治邦,以无事取天下",而是"有为、不好静、有事、有欲",此与老子所引圣人之言"我无为而民自化,我好静而民自正,我无事而民自富,我欲不欲而民自朴"相悖,如此国必难治。唯有从"方而不割,廉而不刺,直而不肆,光而不耀"下手起修,方是治国之正道。不仅从上文"其政""其民"可知老子谓"方而不割"等是针对治国之君,即从上一章以及接下来几章经文分析亦然:上一章言"以正治邦",下一章则说"可以有国,有国之母",再下则是"治大国若烹小鲜""大邦以下小邦,则取小邦,小邦以下大邦,则取于大邦"。全都是在讲的如何治国,尤其是针对迷失无为之道之人君而说。对于"圣人",则无需说。

因而此处帛书本虽有省略,但绝不是"圣人",而是"迷人"。若要加,也应该是"是以迷人应当方而不割"。后人不解,妄加"圣人"二字,大违经义。

"是以圣人"这样的表达,在经中非常多,如第 26 章"是以圣人终不为大",第 29 章"是以圣人之欲上民也",第 35 章"是以圣人被褐而怀玉",第 36 章"是以圣人之不病",第 42 章"是以圣人为而弗有",第 44 章"是以圣人执右契",第 78 章"是以圣人之能成大也"。流通本当是后人受此影响而妄改。

第二十二章
（流通本第59章）

◎帛书本

治人事天，莫若啬。

夫唯啬，是以早服。

早服是谓重积德，

重积德则无不克，

无不克则莫知其极，

莫知其极，可以有国。

有国之母，可以长久。

是谓深根固柢，

长生久视之道也。

◎流通本

治人事天，莫若啬。

夫唯啬，是谓早服。

早服谓之重积德，

重积德则无不克，

无不克则莫知其极，

莫知其极，可以有国。

有国之母，可以长久。

是谓深根固柢，

长生久视之道。

一、经文差异

本章帛书本和流通本经文比较一致，尤其没有影响经义的差别。

二、义理分歧

"啬"字，王弼《老子道德经注》谓："啬，农夫。农人之治田，务去其殊类、归于齐一也。全其自然，不急其荒病，除其所以荒病。上承天命，下绥百姓，莫过于此。"

按楼宇烈校释，此句意为"田之所以荒病，是由于田中有殊类，如去其殊类，则即为除其所以荒病，如此，即能全其自然，而不为荒病所窘困"。

笔者觉得王弼本释"啬"为"穑"（庄稼），明显有违经义。"啬"当为节省节俭，有智而不用，有财而不贪之意，有五色、五音、五味而目不盲、耳不聋、口不爽，"为腹不为目"。第70章"虽有环官，燕处则超若"即是"啬"。

第二十三章
（流通本第60章）

◎帛书本

治大国若烹小鲜。

以道莅天下，其鬼不神。

非其鬼不神也，其神不伤人也。

非其神不伤人也，圣人亦弗伤也。

夫两不相伤，故德交归焉。

◎流通本

治大国若烹小鲜。

以道莅天下，其鬼不神。

非其鬼不神，其神不伤人。

非其神不伤人，圣人亦不伤人。

夫两不相伤，故德交归焉。

一、经文差别

本章帛书本和流通本经文比较一致，无影响经义的差别。

二、义理分歧

经文"非其神不伤人也，圣人亦弗伤也。夫两不相伤，故德交归焉"，王弼《老子道德经注》释为："道洽，则神不伤人。神不伤人，则不知神之为神。道洽，则圣人亦不伤人。圣人不伤人，则亦不知圣人之为圣也。犹云非独不知神之为神，亦不知圣人之为圣也。夫恃威网以使物者，治之衰也。使不知神圣之为神圣，道之极也。神不伤人，圣人亦不伤人；圣人不伤人，神亦不伤人，故曰'两不相伤'也。神圣合道，交归之也。"

笔者觉得，王弼本所释不妥。经文意为人君若以无为之道治理天下，则连邪魅之鬼都不显灵害人，反而显灵护佑人。而其根源则是圣人行无为之道，含哺百姓，与鬼神合其吉，故这些邪魅之鬼亦福佑民。反之，若人君行有为之道，伤民害民，与鬼神之凶相合，则鬼亦必凶而害人（鬼神本有吉凶两面，是吉是凶，取决于人君与所合，合吉则吉，合凶则凶。即人君善则感召善，恶则感召恶）。

第二十四章
（流通本第61章）

◎帛书本

大邦者，下流也，

天下之牝。天下之交也①，

牝恒以静胜牡。

为其静也，故宜为下②。

大邦以下小邦，则取小邦。

小邦以下大邦，则**取于**③大邦。

故或下以取，或下而取。

故大邦者，不过欲兼畜人；

小邦者，不过欲入事人。

夫皆得其欲，

大者宜为下。

◎流通本

大国者下流。

天下之交，天下之牝①。

牝常以静胜牡。

以静为下②。

故大国以下小国，则取小国。

小国以下大国，则**取**③大国。

故或下以取，或下而取。

大国不过欲兼畜人，

小国不过欲入事人。

夫两者各得其所欲，

大者宜为下。

经文差异

①"牝交"与"交牝"

帛书本作"天下之牝，天下之交也"。

流通本作"天下之交，天下之牝"。

②"为其静也，故宜为下"与"以静为下"

帛书本作"为其静也，故宜为下"。

流通本作"以静为下"。

关于①，两个版本顺序刚好相反，表面看差别不大。若作深入分析，发现因顺序颠倒，致经义全非，需明辨。

而关于②亦然，删掉四字，则大违经义。

先分析帛书本此章经文：

1."大邦者，下流也，天下之牝"

意为大邦若能甘居下流，则如天下之牝（牝喻道，第50章"谷神不死，是谓玄牝"）而入无为之道。

2."天下之交也，牝恒以静胜牡"

意为天下牝牡相交战，总是牝胜牡，为什么呢？因为牝性静，牡性躁，静能胜躁，故牝凭借静而胜牡。注意，"交"不是交配，从下文"胜"字可知，当是指的"交战"。不是男女之交、雌雄之交、牝牡之交，而是泛指柔弱与刚强之交战，"牝恒以静胜牡"即柔弱胜刚强。《校注》释"交"为"交配"，王弼《老子道德经注》则作"交汇"，二者皆明显是错，读者详察。

此段是说明为牝的利益、好处。牝为何能胜牡，凭借"静"，"静"是牝战胜牡的法宝，是秘密武器。大邦若要战胜小邦，必须拥有"静"。

"静"从何来？牝，牝与静不分离，为牝即有"静"。如何为牝，"下流"，即开篇谓"大邦者下流"。

3."为其静也，故宜为下"

为了（不是因为）拥有静，故宜为下流（呼应开篇"大邦者下流"）。为什么呢？因为静依附于牝，而欲为牝则必须为下。其逻辑是：

下流——牝——静——胜牡，得天下。

反过来，大国欲得天下（小邦），必须有"静"（为其静也）。谁有静？牝。如何成为牝？为下，居下流，"故宜为下"。

后面经文则是进一步展开说：何止是大邦，小邦亦然，只要能甘为下（流），而为天下之牝，则有静，有静则"或下以取，或下而取"，各"皆得其欲"。

可见，本章经文逻辑是如此清晰，若取流通本作"天下之交，天下之牝""以静为下"，岂非面目全非？

③ "取于"还是"取"

帛书本作"取于大邦"。

流通本作"取大国"。

邦、国同义，区别在一"于"字。

取，是主动；取于，即被取，是被动。

结合下文"故大邦者，不过欲兼畜人；小邦者，不过欲入事人"分析：大邦欲兼畜人，如同大公司欲并购小公司，即是欲取；小邦欲入事人，即是欲被大邦接纳，如同小公司欲被大公司并购，即是被取。取与被取，都是其所欲，故说"夫皆得其欲"，此即是双赢。双赢，意谓双方都是赢家，赢则为大。然要达至此双赢局面，都为大，必须懂得为下方可，故说"大者宜为下"（此"大者"并非仅仅指的传统意义上的"大邦"，而是无论大小，只要"得其欲"，皆可称为"大"）。

第二十五章
（流通本第62章）

◎帛书本

道者万物之**主**①也，

善人之宝也，不善人之所保也。

美言可以市，尊行可以加人。

人之不善也，何弃之有？

故立天子，置三卿，

虽有拱之璧以先（駞）驷马，

不若坐而**进此**。

古之所以贵**此者何也**②？

不谓求以得，有罪以免与？

故为天下贵。

◎流通本

道者万物之**奥**①。

善人之宝，不善人之所保。

美言可以市，尊行可以加人。

人之不善，何弃之有？

故立天子，置三公，

虽有拱璧以先驷马，

不如坐**进此道**。

古之所以贵**此道者何**②？

不曰以求得，有罪以免邪？

故为天下贵。

一、经文差异

①**"主"与"奥"**

帛书本作"主"。

流通本作"奥"。

"奥"本指房屋的西南角，是古时祭祀设置神主或尊长居坐之处，和"主"意义相同，在此均指"道"。

②有"道"无"道"

帛书本作"进此"与"贵此"。

流通本作"进此道"与"贵此道"。

笔者觉得，流通本之"道"明显系后人添加。"贵此"与"进此"之"此"，指的"道者万物之主也"之"道"，即道之体，而非道之相用。体为一，故称之为"主"，"主"只能是一而不可能是多，一家之内，无此主彼主之说。同样，道之体也无"此道""彼道"之分。"此"即指的是道，指的是万物之主，若再加一"道"而作"此道"，则意味着道分彼此，可以进此道，也可以进彼道；可以贵此道，也可以贵彼道，显然不是。再则，全经亦无类似用语，第81章"道恒无为也，侯王若能守之"，也用"守之"而不用"守此道"。

二、经义分歧

关于"求以得，有罪以免与"一句，读者不免会有疑问：第38章言"天网恢恢，疏而不失"，怎么就可以免罪呢？入清静无为之道者，少私寡欲，为腹不为目，无欲无求，哪来的"求"？岂非自相矛盾？

观历代注解，此句经文大多一笔带过，或直接忽略，比如王弼《老子道德经注》释为："以求则得求，以免则得免，无所而不施，故为天下贵也。"近乎没说。

首先，圣人之所求，乃是求世人之不欲求，即如第20章"我欲不欲而民自朴"，即圣人之欲，乃是欲世人之不欲。如世人求"雄、荣、白、为上"，圣人则求"雌、辱、黑、为下"，世人求刚强，圣人求柔弱，世人求为目，圣人求为腹，世人求进，圣人求退……实则"求"也是方便说。其次，圣人所求，乃是从因上求，内求，合乎天道之求，不争而求，无求而求；世人则是外求，仅从果上求，争求，强。如第31章"既以为人，己愈有；既以予人矣，己愈多"，即圣人从"为人、予人"上求；第77章"知足者富"，圣人善于知足，富有便不求自得，此求即不求而求，得即不求而得。第 29 章"非以其无争与，故天下莫能与争"，第 38 章"不战而善胜，不言而善应，不召而自来"，第 51 章"不以其无私与？故能成其私"，此等皆是不争而得。可见圣人有求，必然有得，即"求以得"。

至于免罪，罪从何来？第 9 章"罪莫大于可欲"，罪即各种魔（病魔、死魔、烦恼魔）依托财色名利等进入体内而"兴风作乱"，若有贪欲，魔必借此而入。入道之圣人，熄灭贪欲，无思无欲，无欲则魔失去通道，无所依托，即第 13 章言"以其无死地焉"，何罪之有？因此反过来说，"无罪必因无可欲"。入道之圣人，知足知止，知足则不辱，知止则不怠，不殆不辱，岂非免罪？"天网恢恢，疏而不失"，虽魔欲施报造罪者，奈何通道已堵，桥梁已断，故有罪亦可免于受报，此即"有罪以免与"的本意。

第二十六章
（流通本第63章）

◎帛书本

为无为，事无事，味无味。

大小，多少，报怨以德。

图难乎其易也，

为大乎其细也。

天下之难作于易，

天下之大作于细。

是以圣人终不为大，

故能成其大。

夫轻诺必寡信，多易必多难。

是以圣人犹难之，故终于无难。

◎流通本

为无为，事无事，味无味。

大小，多少，报怨以德。

图难于其易，

为大于其细。

天下难事必作于易，

天下大事必作于细。

是以圣人终不为大，

故能成其大。

夫轻诺必寡信，多易必多难。

是以圣人犹难之，故终无难矣。

一、经文差异

本章经文两个版本并无影响经义之别。

二、经义分歧

关于"报怨以德"，世人多受《论语·宪问》"或曰：'以德报怨，何如？'子曰：'何以报德？以直报怨，以德报德。'"影响，而对老子经义多有曲解，譬如作"用德行化解他人怨恨"等解，均违经义。

先看王弼《老子道德经注》注文："小怨则不足以报，大怨则天下之所欲诛，顺天下之所同者，德也。"此解明显不妥，大违老子本意。第44章"和大怨，必有余怨，焉可以为善"，即有德之圣人不仅要和"天下之所欲诛"之大怨，甚至还不能有余怨，不能有责报之心，更不能"顺天下之所同"而共诛。王弼更称此为德，不妥！

关于"报怨以德"之"怨"，本意指怨恨、仇恨。怨习即《楞严经》十习因之一（怨习交嫌，发于衔恨）。怨恨如何产生？他人辱我（孤、寡、不谷）、贱我、与我争、使我居下。抱怨即是指他人辱我贱我而心中怀有不满，责怪别人。

而"德"则指的是清静无为，第1章谓上下之德。何谓"德"？无为。具体来说，本经谓知雄守雌，知荣守辱，知白守黑，知进反退，以下为基，以贱为本，自谓孤寡不谷，居众人所恶之下，不争……此等皆是"德"，而却正与"怨"相反。世人看来是怨，弃之唯恐不及；圣人则以德视之而取。

因此"报怨以德"意为：世人"抱怨"，圣人"以德"，彼世人视之为怨而心怀不满、责怪他人；我却视之以为德而甘之如饴。

观本章结构，都是在说世人与圣人两类人之别，意在让人去彼世人而取此圣人。

世人与圣人

世人	圣人
大小，多少（即贪大厌小，贪多厌少）	为无为，事无事，味无味（不分别大小多少）
报怨	**以德**
夫轻诺必寡信，多易必多难	图难乎其易也，为大乎其细也，天下之难作于易，天下之大作于细。是以圣人终不为大，故能成其大。是以圣人犹难之，故终于无难。

第二十七章

（流通本第64章）

◎帛书本

其安也，易持也。

其未兆也，易谋也。

其脆也，易破①也。

其微也，易散也。

为之于其未有也，

治之于其未乱也。

合抱之木，生于毫末。

九层之台，作于蔂土。

百仞之高②，始于足下。

为之者败之，执之者失之。

是以圣人无为也，故无败也；

无执也，故无失也。

民之从事也，恒于几成而败之。

故慎终若始，则无败事矣。

是以圣人欲不欲，而不贵难得之货；

学不学，而复众人之所过。

能辅万物之自然，而弗敢为。

◎流通本

其安易持。

其未兆易谋。

其脆易泮①。

其微易散。

为之于未有，

治之于未乱。

合抱之木，生于毫末。

九层之台，起于累土。

千里之行②，始于足下。

为者败之，执者失之。

是以圣人无为，故无败；

无执，故无失。

民之从事，常于几成而败之。

慎终如始，则无败事。

是以圣人欲不欲，不贵难得之货；

学不学，复众人之所过。

以辅万物之自然，而不敢为。

经文差异

① "破"与"泮"

帛书甲乙本均残毁。

流通本作"易泮"。

帛书整理小组作"判"，楚简本整理者亦作"判"，李零《郭店楚简校读记》认为"泮"与"判"含义相近。《校注》认为"破"较"泮"义胜，故勘校作"破"。

笔者认为，综合经文分析，"其脆"之"脆"当作柔弱解，而非易碎（跟"韧"相对），与前后文之"安""未兆""微"相近。柔弱即易溶解消散，故宜从王弼本作"泮"。

② "百仞之高"与"千里之行"

帛书本作"百仞之高，始于足下"。

流通本作"千里之行，始于足下"。

仅从义理上，两个版本并无明显区别。"百仞之高"是从高度上说，"千里之行"则是从远近上说，意同"不积跬步无以至千里"，很难断定孰是孰非。马叙伦云："言远亦得称仞，然古书言仞，皆属于高。疑上'九层'句，盖有作'百仞'者，传写乃以误易'千里'耳。"且帛书甲乙本保存完好，均作"百仞之高"，故而大概率流通本系后人所改。

第二十八章

（流通本第65章）

◎帛书本

古之为道者，

非以明民也，将以愚之也。

民之难治也，以其智①也。

故以智治邦，邦之贼也；

以不智②治邦，邦之德也。

恒知此两者，亦稽式也；

恒知稽式，此谓玄德。

玄德深矣，远矣，

与物反矣，乃至大顺。

◎流通本

古之善为道者，

非以明民，将以愚之。

民之难治，以其智多①。

故以智治国，国之贼；

不以智②治国，国之福。

知此两者，亦稽式；

常知稽式，是谓玄德。

玄德深矣，远矣，

与物反矣，然后乃至大顺。

一、经文差异

①"智"还是"智多"

帛书本作"智"。

流通本作"智多"。

结合下文分析，"故以智治邦，邦之贼也；以不智治邦，邦之德也"，
"智"分为"智"和"不智"，而非"智多"与"智少"，全经亦无类似表达，
第54章"爱民治国，能毋以智乎"可为证。

② "以不智"和"不以智"

帛书本作"以不智"。

流通本作"不以智"。

前文所言，智不分多少，而分有智无智，前言"以智"即有智，"以不智"则无智，"不智"与"智"刚好相反。虽然"以不智"和"不以智"经义并无区别，但对比第 20 章"以正治邦，以奇用兵，以无事取天下"句型结构，皆是"以……"，而未见"不以……"。故流通本大概率被后人所改。

二、经义分歧

本章被很多人误解为老子宣扬"愚民政策"，大错！

老子谓"将以愚之"之"愚"，乃是指的清静无为之道，是大智若愚之"愚"，非世人所谓之愚。此愚与有为之巧智相反，故说"以智治邦，邦之贼也"。第 32 章之三宝"慈、俭、不敢为天下先"，第 54 章"爱民治国，能毋以智乎"之"毋以智"，第 64 章"我愚人之心也"之"愚"，皆是老子宣说的无为之道。第 20 章"以正治邦，以奇用兵，以无事取天下"，第 23 章"以道莅天下"均与本章经义相同。

再看如下：

第 2 章"故必贵而以贱为本，必高矣而以下为基。夫是以侯王自谓孤、寡、不谷"。

第 5 章"天下之所恶，唯孤、寡、不谷，而王公以自名也"。

第 12 章"圣人之在天下，歙歙焉，为天下浑心"。

第 21 章"其政闷闷，其民惇惇。其政察察，其民狭狭"。

故知此"愚"指的是大智（若愚），非真愚！何来愚民政策之说？于《道德经》稍有研究者，一般不会有此错误认知。

另，王弼《老子道德经注》释"古之善为道者，非以明民，将以愚之"为："明谓多智巧诈，蔽其朴也。愚，谓无知守真、顺自然也。"此解甚合老子本意。

第二十九章
（流通本第66章）

◎帛书本

江海之所以能为百谷王者，

以其善下之，是以能为百谷王。

是以圣人之欲上民也，必以其言下之；

其欲先民也，必以其身后之。

故居前而民弗害也，

居上而民弗重也①。

天下乐推而弗厌也。

非以其无争与②，故天下莫能与争。

◎流通本

江海所以能为百谷王者，

以其善下之，故能为百谷王。

是以欲上民，必以言下之。

欲先民，必以身后之。

是以圣人处上而民不重，

处前而民不害①。

是以天下乐推而不厌，

以其不争②，故天下莫能与之争。

经文差别

① "上、前" 还是 "前、上"

帛书甲本作 "居前而民弗害也，居上而民弗重也"，乙本作 "居上而民弗重也，居前而民弗害也"，顺序颠倒。

流通本同乙本。

《校注》勘校从乙本，与流通本、楚简本一致。

② "非以" 与 "以"

帛书本作 "非以其无争"，

流通本作"以其不争"。

　　一字之差，《校注》认为"两说对立，难以调和"，并据前文云"是以圣人之欲上民也，必以其言下之；其欲先民也，必以其身后之"来说明"圣人非无争，而是谦虚自下，让先自退，如云欲上而言下，欲先而身后"。又引第51章"是以圣人退其身而身先，外其身而身存，不以其无私与？故能成其私"之语义和句型结构，从而足证"帛书甲、乙本确保存了《老子》原义，今本凡作'不以其争'或'以其不争'者，皆由后人所改，旧注皆不可信"。

　　笔者认为，《校注》结论确信无疑，但释"非以其无争"为"非无争"，即并非无争、有争之意，不过是下而争、退而争，还是争。

　　此处"非"当作"岂非"解，即难道不是，以反问句加强语气，告诫欲取天下而为天下之王者，切莫要争。"难道不是因为圣人不争吗"与"因为圣人不争"，前者语气明显强很多，亦更具告诫意义。而第52章"夫唯不争，故无尤"，亦与本句意义相同，并未有"非无争"之义，唯语气如流通本一样平淡。

　　而《校注》引第51章"不以其无私与？故能成其私"，从句型结构与本章对比分析（彼"不以其"与此"非以其"），证明帛书本之正确，笔者深以为然。但认为系《校注》所理解的"同一种语义"，则不仅曲解了本章经文（有争），亦曲解了第51章义理（有私）。盖因第51章谓圣人之私，乃是无私。所谓私，乃是方便说，假说，圣人少私寡欲、见素抱朴，哪来的"私"？

第三十章
（流通本第80章）

◎帛书本

小邦寡民，

使有十百人之器而毋用，

使民重死而**远徙**①。

有舟车无所乘之，

有甲兵无所陈之，

使民复结绳而用之。

甘其食，美其服，

乐其俗，安其居，

邻邦相望，鸡狗之声相闻，

民至老死不相往来。

◎流通本

小国寡民，

使有什伯之器而不用，

使民重死而**不远徙**①。

虽有舟舆，无所乘之，

虽有甲兵，无所陈之，

使人复结绳而用之。

甘其食，美其服，

安其居，乐其俗，

邻国相望，鸡犬之声相闻，

民至老死不相往来。

一、经文差异

①"远"还是"不远"

帛书本作"远徙"。

流通本作"不远徙"。

关于"远"字：

（1）作远近解

"徙"即迁移、迁居之意，"远"若作远近解，则有"近徙""远徙"之说，

"不远徙"即可以"近徙"或者"不徙"。观经文"有舟车无所乘之"，即不"远徙"；"邻邦相望，鸡狗之声相闻，民至老死不相往来"，即不"近徙"。可见，作远近解，虽然"不远徙"包含了"不徙"，但更多意味着可以"近徙"，即"邻邦相望，鸡狗之声相闻"，民至老死应经常往来，明显与经义相矛盾。

（2）作远离解

"远离"，即"疏"、"离"、"避免"之意，如此则"徙"没有"近徙""远徙"之说，就只有"徙"，意即避免、远离迁徙流动，此与经文"民至老死不相往来"完全一致。可见多一"不"字，则与《老子》本义相违，造成大谬。

二、经义分歧

（1）小国寡民

通常直译为国土面积小、人口少。王弼《老子道德经注》释为"国既小，民又寡，尚可使反古，况国大民众乎！故举小国而言也"。笔者觉得不妥，因未理解经义所致。

第76章"道恒无名，朴虽小"，第78章"万物归焉而弗为主，则恒无欲也，可名于小""是以圣人之能成大也，以其不为大也，故能成大"。综合分析，"小国寡民"乃是指的圣人以无为之道治国，不以兵强于天下，甘居下流，似小实大，大而不以为大，国民虽多，犹若寡少，不欲为大而能成其大。

（2）民至老死不相往来

并非人与人之间断绝交往，彼此不相往来。前一句"邻邦相望"，说明是此国民与彼国民之间不相往来，不是关闭边贸，而是指邻国之间互不争夺，互不侵扰。结合前文"有甲兵无所陈之"，此处当指的"以道佐人主，不以兵强于天下"（第74章）。

第三十一章
（流通本第81章）

◎帛书本	◎流通本
信言不美，美言不信。	信言不美，美言不信。
知者不博，博者不知。	**善者不辩，辩者不善**①。
善者不多，多者不善①②。	知者不博，博者不知②。
圣人无积，既以为人，已愈有。	圣人不积，既以为人，己愈有。
既以予人矣，已愈多。	既以与人，己愈多。
故天之道，利而不害；	天之道，利而不害；
人③之道，为而弗争。	**圣人**③之道，为而不争。

一、经文差别

①"多"与"辩"

帛书本作"善者不多，多者不善"。

流通本作"善者不辩，辩者不善"。

②顺序

帛书本作"知者不博，博者不知。善者不多，多者不善"。

流通本作"善者不辩，辩者不善，知者不博，博者不知"。

两个问题其实是一个问题，先把顺序问题明晰了，"多"与"辩"自然就清楚了。今分析帛书本经文：

（1）"信言不美，美言不信"，说的是口，即口清静；

（2）"知者不博，博者不知"，说的是心，即意清静；

（3）"善者不多，多者不善"，说的是财，即身清静。

"善者"并非指狭义的善恶，按第46章"天下皆知美之为美，恶矣"，即"不知美之为美，善矣"，也就是居无为之事，得清静无为之道，不分别善恶美丑好坏是非，即是"善"。少私寡欲，为腹不为目者，即是善者。

下文"圣人无积，既以为人，己愈有；既以予人矣，己愈多"，则是承"善者不多，多者不善"作进一步展开说明，即愈舍而愈得，不欲多而愈多。

帛书本思路非常清晰，而流通本经文颠倒后，逻辑混乱。故显然帛书本是老子原本。

③ "人"还是"圣人"

帛书本作"人之道"。

流通本作"圣人之道"。

《校注》云："老子所谓'为而不争'正是指'人之道'言，'圣人之道'乃是无为不争，如第二章'是以圣人居无为之事'"，"……足证老子原作'人之道'，帛书不误，今本'圣'字乃为浅人所增。"

笔者认为，《校注》结论正确，但《校注》认为人之道是"为而不争"，世人好争，何以说"不争"？第42章"人之道则不然，损不足而奉有余"，岂非指的是"为而争"？

然而此"人"指的是圣人吗？也不是。此处意为：世人应效法天道，利而不害，为而不争。

第三十二章
（流通本第67章）

◎帛书本

天下皆谓我大，大而不肖。

夫唯不肖，故能大①；

若肖，久矣其细也夫。

我恒有三宝，持而保之。

一曰慈，二曰俭，

三曰不敢为天下先。

夫慈，故能勇；俭，故能广；

不敢为天下先，故能为成器长。

今舍其慈，且勇；舍其俭，且广；

舍其后，且先，则必死矣。

夫慈，以战则胜，以守则固。

天将**建②**之，如以慈**垣③**之。

◎流通本

天下皆谓我道大，似不肖。

夫唯大，故似不肖①；

若肖，久矣其细也夫。

我有三宝，持而保之。

一曰慈，二曰俭，

三曰不敢为天下先。

慈，故能勇；俭，故能广；

不敢为天下先，故能成器长。

今舍慈且勇，舍俭且广，

舍后且先，死矣。

夫慈，以战则胜，以守则固。

天将**救②**之，以慈**卫③**之。

经文差异

①"因肖而大"还是"因大而肖"

帛书甲本作"夫唯大，故不肖"，乙本作"夫唯不肖，故能大"。
流通本作"夫唯大，故似不肖"，与帛书甲本同。

三个版本仅存顺序之别，粗略看经义似乎并无区别，实则不同。

经文所谓大，乃是指的道之体，道体无方圆大小、上下长短、无头无尾，无有相状（不肖），不可计量，犹如虚空，无有边畔，如第58章云"捪之而弗得""随而不见其后，迎而不见其首"。此乃真大，绝待大，非与小相比之大。

而虚空所含容之万物色相，如日月星宿、山河大地、泉源溪涧、草木丛林等，都有相状（肖），皆可以计量，无论多大，相对虚空而言，都是小。

由此可知，道体之大，乃是因为"不肖"（无形无相）。即不肖故大，肖则不大（即下文"若肖，久矣其细也夫"）。而非大故不肖，不大则肖。故当从乙本作"夫唯不肖，故能大"。而流通本则可能系后人窜改。

②"建"与"救"

帛书本作"天将建之"。

流通本作"天将救之"。

前文"夫慈，以战则胜，以守则固"，说明不仅仅是在守，还包括攻（以战则胜），若仅言"守"，则作"救"并无不妥；而若并言"攻"（战），则"救"就不妥了。综合分析，此处若作"建"，即建功立业，引申为成就，则与前文就匹配了。故当从帛书本。

③"垣"与"卫"

帛书本作"如以慈垣之"。

流通本作"以慈卫之"。

"垣"与"卫"义相近，不影响经义。

第三十三章
（流通本第68章）

◎**帛书本**

善为士者不武，
善战者不怒，
善胜敌者弗与，
善用人者为之下。
是谓不争之德，**是谓用人**[①]。
是谓配天，古之极也。

◎**流通本**

善为士者不武，
善战者不怒，
善胜敌者不与，
善用人者为之下。
是谓不争之德，**是谓用人之力**[①]。
是谓配天，古之极。

经文差异

①有"力"无"力"

帛书本作"是谓用人"。

流通本作"是谓用人之力"。

从经文分析，"不武、不怒、弗与"三者，谓"不争之德"；而"为之下"则谓"善用人"，"是谓用人"即"是为之下，谓善用人"。流通本"之力"与"之德"相对应，但实属多余，有明显雕琢痕迹。

《校注》从韵等多角度分析，认为流通本"之力"二字"乃为后人所增，或因古注文羼入"。

第三十四章

（流通本第69章）

◎帛书本

用兵有言曰：

吾不敢为主而为客，

吾不敢进寸而退尺。

是谓行无行，

攘无臂，执无兵，**乃**①无敌矣。

祸莫大于**无敌**②，

无敌近亡吾宝矣。

故称兵相若，则哀者胜矣。

◎流通本

用兵有言：

吾不敢为主而为客，

不敢进寸而退尺。

是谓行无行，

攘无臂，**扔**①无敌，执无兵。

祸莫大于**轻敌**②，

轻敌几丧吾宝。

故抗兵相加，哀者胜矣。

经文差异

①"乃"与"扔"

帛书本作"执无兵，乃无敌矣"。

流通本作"扔无敌，执无兵"。

两个版本除了一字之差，还有顺序之别。

其关键是理清经文顺序，顺序明晰，则"乃"还是"扔"自然明晰了。

观近几章经文，老子皆是在说以无为之道为战。继第32章说无为三宝之"慈"宝"以战则胜，以守则固"，接下来两章都是围绕"慈"宝展开：第33章从心上展开说如何运用"慈"宝，即"不武、不怒、弗与"；本章则从战场上说如何运用"慈"宝，即"为客不为主，退尺而不进寸""行无行，攘无臂，执无兵"。最后一句"乃无敌矣"是对以"慈"宝为战的总结，即对应第32章"以战则胜，以守则固"，思路非常清晰。若按照王弼本经文顺序，则显逻辑混乱。而王弼《老子道德经注》曰"用战犹行无行，攘无臂，执无兵，扔无敌也"。可见原王弼本经文顺序亦与帛书本同。

至于"乃"与"扔"，楼宇烈认为"乃"字为"扔"字之借字，当以"乃"本字用。而作"扔"字，则或是受第1章"则攘臂而扔之"句影响所致。

②"无敌"与"轻敌"

帛书本作"祸莫大于无敌"。

流通本作"祸莫大于轻敌"。

"轻敌"与"无敌"意义不同，但观王弼《老子道德经注》曰："言吾哀慈谦退，非欲以取强**无敌**于天下也。不得已而卒至于**无敌**，斯乃吾之所以为大祸也。"也是"无敌"而非"轻敌"，足见王弼本经文原亦同于帛书本。唯王弼云"取强无敌于天下也"，有违经义，不妥。

第三十五章
（流通本第70章）

◎帛书本

吾言甚易知也，甚易行也；
而人①莫之能知也，而莫之能行也。
言有君，事有宗②。
夫唯无知也，是以不我知。
知我者希，则我贵矣。
是以圣人被褐而怀玉。

◎流通本

吾言甚易知，甚易行；
天下①莫能知，莫能行。
言有宗，事有君②。
夫唯无知，是以不我知。
知我者希，则我者贵。
是以圣人被褐怀玉。

经文差异

①"人"与"天下"

帛书甲本作"人"，乙本作"天下"。

流通本作"天下"。

此处老子谓不能知其言者，当是指的普通世人，不包括圣人。而"天下"则包括"上士闻道，勤能行之"之"上士"，故相比较而言，此处更宜取帛书甲本作"人"。

②"君、宗"与"宗、君"

帛书甲本作"言有君，事有宗"，乙本作"言有宗，事有君"。

流通本作"言有宗，事有君"，与乙本同。

《校注》认为甲本抄写有误，当从乙本。

笔者认为，"宗"与"君"意同，顺序颠倒亦不违经义。《校注》勘校，可从。

第三十六章
（流通本第71章）

◎帛书本

知不知，尚矣；
不知知，病矣。

是以圣人之不病^①，
以其病病，是以不病。

◎流通本

知不知，上；
不知知，病。
夫唯病病，是以不病^①。
圣人不病，
以其病病，是以不病。

经文差异

①有无"夫唯病病，是以不病"

流通本多"夫唯病病，是以不病"。
帛书本无。

"病病"：第一个"病"是动词，即"以……为病""知……为病"。第二个"病"是名词，指上面说的"不知知"之"知"病。"病病"即知病之为病，一旦知晓其为病，则必会治疗，病愈即"不病"。即真正的病是不知道自己有病；知道自己有病，意味着病已经痊愈了。因此"夫唯病病，是以不病"，是说明如何"不病"。下一句"是以圣人之不病，以其病病"，则是说明圣人"不病"之因。此即如同逻辑三段论："夫唯病病，是以不病"是大前提；"圣人病病"是小前提；"是以（圣人）不病"是结论。故流通本似亦不违经义，但结合前文分析，"不知知，病矣"一句，老子

093

先指出"不知知"这种世人之病，下文紧接着显然是要说明圣人为何没有"不知知"这种病，此与世人之病形成鲜明对比。而王弼本中间再横亘"夫唯病病，是以不病"，就显得突兀而不流畅，亦与老子极简文字风格不符。因此流通本或系后人受下一章"夫唯弗厌，是以不厌"句型结构影响而妄改。

第三十七章
（流通本第72章）

◎帛书本

民之不畏威，则大威将至矣。
毋狭①其所居，毋厌其所生。
夫唯弗厌，是以不厌。
是以圣人自知而不自见也，
自爱而不自贵也。
故去彼取此。

◎流通本

民不畏威，则大威至。
无狎①其所居，无厌其所生。
夫唯不厌，是以不厌。
是以圣人自知不自见。
自爱不自贵。
故去彼取此。

一、经文差异

①"狭"与"狎"

帛书本作"狭"。

流通本作"狎"。

按楼宇烈校释王弼本《老子道德经解》：道藏集注本作"狭"。"狎"、"狭"古通。经中意为压榨、削减、使狭隘。

二、经义分歧

"毋厌其所生，夫唯弗厌，是以不厌"之"厌"，多作压迫解，即统治

095

者压迫下层老百姓，进而将本章都解为劝统治者如何对待老百姓。如《校注》取朱谦之注疏："夫唯为上者无压笮之政，是以人民亦不厌恶之也。"蒋锡昌亦释为："夫唯人君不压笮其所生者，是以其生清净不殆，不受压笮之害也。"

笔者觉得不妥，分析经文，"民之不畏威"之"威"即死亡或者严刑峻法等死亡威胁，与第39章"若民恒且不畏死"意相近。而"大威将至矣"之"大威"，则指的是统治者政权崩塌。"狭其所居"指的是统治者施行有为，失无为之道，使百姓生活乃至生存空间受到压制，即第40章所云"人之饥也，以其取食税之多也，是以饥"。而"厌其所生"则指的统治者贪求天下之财以养生，"厌"即餍足、贪著，即聚天下之财以养其生；"生"则是养生，与第40章"以其求生之厚也，是以轻死。夫唯无以生为者，是贤贵生"之"生"意同。此二者一指对外，一指对内，"狭"指的对百姓，"厌"则指的对自己。实则都是一回事，因为上者欲"厌其所生"，故要"狭其所居"；而"狭其所居"则是为了自己"厌其所生"，即狭民以厌己，"狭"民目的是自己的"厌"。此皆是以有为治国，最后必然导致老百姓不怕死（第39章"若民恒且不畏死，奈何以杀惧之也"），老百姓不怕死，最后必然起来造反，终致政权颠覆。故老子警示说"毋狭其所居，毋厌其所生"。

而下一句"夫唯不厌"之"厌"，则与上句"毋厌其所生"之"厌"意同，即餍足。而"是以不厌"之"厌"则是厌弃，"厌"本有厌烦之意，厌烦则必然会憎恶、嫌弃，因而引申为远离、抛弃，即不会被无为之道所远离、抛弃。如此解则经义顺畅。

王弼《老子道德经注》释"夫唯不厌"为"不自厌"、"是以不厌"为"不自厌，是以天下莫之厌"。"不自厌"显然并非指的不自我压榨。王弼注解较其他诸多版本更切近老子本意。

第三十八章
（流通本第73章）

◎帛书本

勇于敢者则杀，勇于不敢者则活。

此两者或利或害。

天之所恶，孰知其故[①]？

天之道，**不战**[②]而善胜，

不言而善应，不召而自来，

坦而善谋。

天网恢恢，疏而不失。

◎流通本

勇于敢则杀，勇于不敢则活。

此两者或利或害。

天之所恶，孰知其故？

是以圣人犹难之[①]。

天之道，**不争**[②]而善胜，

不言而善应，不召而自来，

繟然而善谋。

天网恢恢，疏而不失。

经文差异

①有无"圣人犹难"

帛书本作"天之所恶，孰知其故"。

流通本作"天之所恶，孰知其故？是以圣人犹难之"，多"是以圣人犹难之"句。

王弼《老子道德经注》释："言谁能知天（天下之所恶）意（故）邪？其唯圣人也。夫圣人之明，犹难于勇敢，况无圣人之明，而欲行之也。故曰'犹难之'也。"即圣人也难勇于敢。笔者觉得此释有些牵强，根源当是误加了此句。

分析此章经文，其与第43章"柔之胜刚，弱之胜强"类似。"柔之胜刚"即是勇于不敢而活，"柔弱者生之徒"；反之则是勇于敢而杀，"坚强者死之徒"。即两者同样是"勇"，一死一生，结果迥异！"勇于敢"之坚强为天所恶，这是什么原因呢？"圣人犹难之"之"难"，一是难以知道，二是难以做到。但43章言"柔之胜刚，弱之胜强"之理，"天下莫弗知也"。天下皆莫不知，圣人亦当知，知而能行，方为圣人，亦非难以做到，何以言"犹难之"？

笔者认为，流通本此句当是添加者受第26章"是以圣人犹难之，故终于无难"影响（马叙伦认为是错简复出）。但彼"难"乃是指的圣人视小、少之事为难事而重视之，即"以之为难"，而此"难"则是"难以"，意义不同。

②"战"与"争"

帛书本作"不战而善胜"。

流通本作"不争而善胜"。

"战"：右旁"戈"，本意是一种用于勾割的兵器，"战"意为拿着武器去搏斗。狭义指两军对阵，短兵相接，你死（"勇于敢者则杀"）我活（"勇于不敢者则活"）。广义则指彼此竞争，包括战争以外的事，凡是要决胜负、比高低的活动或事件皆可称"战"。

"争"：本意指两人用手争夺一物，互不相让。"争"的目的在于分胜负比高低。因此广义而言，凡带有竞争性质都可称为"争"。

从广义来说，"战"与"争"含义相同。但：

1.结合上文"勇于敢者则杀，勇于不敢者则活"之"勇""杀""活"，则明显与"战"之本意更相契合，用"争"则显力道不足。

2.紧邻本章之前的第32、33、34章，都是在讲用兵（戈）之道，都是在讲如何"战"（第32章"夫慈，以战则胜"，第33章"善为士者不武，善战者不怒，善胜敌者弗与"，第34章"用兵有言曰"）。

3.王弼《老子道德经注》引第67章"夫唯不争，故天下莫能与之争"诠释此句，然第67章上文为"曲则全……弗矜故能长"，语气与本章"勇""杀""活"等喊打喊杀、你死我活的画面感完全不同。

综合分析，此处宜从帛书本作"战"，而"争"则大概率系后人所改。

第三十九章
（流通本第74章）

◎帛书本

若民恒且不畏死，奈何以杀惧之也？

若民恒且畏死，

而为奇者吾得而杀之，

夫孰敢矣。

若民恒且必畏死①，

则恒有司杀者。

夫代司杀者杀，是代大匠斫也。

夫代大匠斫者，则希不伤其手矣。

◎流通本

民不畏死，奈何以死惧之？

若使民常畏死，

而为奇者，吾得执而杀之，

孰敢？

常有司杀者杀。

夫代司杀者杀，是谓代大匠斲。

夫代大匠斲者，希有不伤其手矣。

经文差异

①有无"若民恒且必畏死"。

帛书本有此句。

流通本无此句。

本章经文看似晦涩难懂，但仔细梳理，发现逻辑非常清晰。本章其实说了几层意思：

1."不畏死"。即不惧怕死，人君"有以为""其取食税之多也"（第40章），多苛捐杂税，崇尚严刑峻法，以死刑威慑民众，则民弥贫，愈贫则胆愈大，大而连死都不怕。这一类人很多，用死刑威胁是没有用的。

2."畏死"。即惧怕死，与第一类刚好相反。人君守道无为，民"甘其食，美其服，安其居，乐其俗"，则老百姓大多怕死。

3."为奇者"。此类人与第二类相关，因大多数百姓怕死，对于少部分为非作歹者，则"以杀惧之""得而杀之"，杀一儆百，则可以禁暴止乱。

4."必畏死"者。此"必畏死"者即指上文"为奇者"。"必畏死"之"畏"，与前两类"不畏死"与"畏死"之"畏"不同，前两类均作"惧怕"解，而此处则当作"拘囚"解，即少数违法犯罪，按律法当抓来囚禁并依律当判死刑者，这一类人必须死，必须被囚禁关押而判死，故说"必畏死"。《论语·第九章子罕篇》"子畏于匡"，清代学者俞樾《群经平议》根据《荀子·赋篇》《史记·孔子世家》考订："'畏于匡'者，拘于匡也。'畏'为拘囚之名。"

5."则恒有司杀者"。是说谁来行刑，上文"若民恒且必畏死"一句，是强调按律当杀者，引出下文到底由谁来杀。

如此分析，则本章经义前后通畅。流通本删掉"若民恒且必畏死"句，虽然勉强亦通，但经义明显不如帛书本连贯。

第四十章
（流通本第75章）

◎帛书本

人之饥也，

以其**取**①食税之多也，是以饥。

百姓之**不治**②也，

以其上**有以为**③也，是以不治。

民之轻死，

以其求生之厚也，是以轻死。

夫唯无以生为者，是贤贵生。

◎流通本

民之饥，

以其**上**①食税之多，是以饥。

民之**难治**②，

以其上之**有为**③，是以难治。

民之轻死，

以其求生之厚，是以轻死。

夫唯无以生为者，是贤于贵生。

经文差异

①"取"与"上"

帛书本作"以其取食税"。

流通本作"以其上食税"。

帛书本"食"作名词，即粮食，"食税"即粮食税，"取食税"即收取粮食税。"饥"是因为没有粮"食"，义理通畅。

而王弼《老子道德经注》注文，则把"食"作动词吞食，即上面吞食税过多。对于税收，一般多用"征"（横征暴敛）或"收"或"榨"（取），而用"吞食"则较牵强，当是误把"取"作为"上"之故。

《校注》对此有较详尽分析，可参考。

②"不治"与"难治"

帛书本作"不治"。

流通本作"难治"。

凡经中言及国家人民治理，既有作"不治"，如第 47 章云："使夫智不敢、弗为而已，则无不治矣"，亦有作"难治"，如第 28 章"民之难治也，以其智也"。仅从表面分析，"难治"指难以治理，"不治"指的不可以治理，似乎不同，但观第 47 章"无知无欲""不敢、弗为"与第 28 章"以愚之""不以智"，当都是指无为之道，故"不治"与"难治"所表达的经义亦当相同："难治"指难以治理，"不治"也可理解为"不易治"，与"难治"义同。故而笔者认为此差别不影响经义，无需过多索究。（与《校注》观点不同）

③"有以为"与"有为"

帛书本作"有以为"。

流通本作"有为"。

要区别"有为"与"有以为"，需分析第 1 章经文"上德无为而无以为也，上仁为之而无以为也"、"上义为之而有以为也"：

此"无为"指的是"德"（上德、下德），即老子经中所开示无为之道；"有为"指的"仁义礼"以及之下，已经"失道"了，非无为之道。

而"有以为""无以为"则指的执着与不执着、有念与无念，与清静无为之"无为"不同。"无为"之德可以"无以为"，"有为"之"仁"亦可以"无以为"（"上仁为之而无以为也"）。

《校注》未提及此差异。但笔者综合分析认为，"取食税之多"分明是"有为"，与治国之"无为"相悖，故此处宜从流通本作"有为"。

第四十一章
（流通本第76章）

◎帛书本

人之生也柔弱，其死也筋肕坚强。

万物草木之生也柔脆，其死也枯槁。

故曰：坚强者死之徒也，

柔弱者生之徒也。

兵强则不胜，木强则恒①。

强大居下，柔弱微细居上。

◎流通本

人之生也柔弱，其死也坚强。

万物草木之生也柔脆，其死也枯槁。

故坚强者死之徒，

柔弱者生之徒。

是以兵强则不胜，木强则**兵**①。

强大处下，柔弱处上。

经文差异

①"恒"与"兵"

帛书甲本作"木强则恒"，乙本作"競"。

流通本作"木强则兵"。

亦有版本作"木强则折"，《校注》称之为"千载疑案"。《校注》认为，甲本"恒"与乙本"競"互假，此处当假借为"烘"（燎，燃烧），即树木强大了就会被砍伐而放入炉子当柴烧（烘），如《卖炭翁》云"伐薪烧炭"。亦可作本字"恒"，通于"横"，指大树被砍倒横陈状。

至于流通本作"兵"字，甲骨文"兵"分为上下两个部分，上半部是"斤"字。在古代，"斤"字就是斧头，是一种非常锋利的武器。下半部是一个人的双手，因而"兵"即有砍伐之意，"木强则兵"类似成语"树大招风"，即指树木长大强壮后就会被砍伐。总之，无论帛书本还是流通本，都旨在表达"坚强者死之徒"，均不违经义。

第四十二章
（流通本第77章）

◎帛书本

天之道，犹张弓者也，
高者抑之，下者举之；
有余者损之，不足者补之。
故天之道，损有余而补不足。
人之道则不然，损不足而奉有余。
孰能有余而有以取奉于**天**①者乎？
唯有道者乎。
是以圣人为而弗有，
成功而弗居也。
若此其不欲见贤也②。

◎流通本

天之道，其犹张弓与！
高者抑之，下者举之；
有余者损之，不足者补之。
天之道，损有余而补不足。
人之道则不然，损不足以奉有余。
孰能有余以奉**天下**①？
唯有道者。
是以圣人为而不恃，
功成而不处。
其不欲见贤②。

经文差异

① "天"与"天下"

帛书本作"奉于天"。
流通本作"奉天下"。

"天"与"天下"含义不同，"天下"在经中数次出现，指的政权。而"天"则指的是天道，即前文"天之道，损有余而补不足""人法地、地法天""治人事天""天网恢恢疏而不失"等。从经义分析，流通本此处作"天

104

下"显然有违经义。

②有无"若此"
帛书本多"若此"二字。

流通本无。

《校注》认为"若此"二字是针对前文"弗有""弗居"而作之结语，犹言此乃是圣人不愿显露自己才智之道理，甚是。

第四十三章

（流通本第78章）

◎帛书本

天下莫柔弱于水，
而攻坚强者莫之能胜也，
以其无以易之也。
柔之胜刚，弱之胜强①，
天下莫弗知也，而莫能行也。
故圣人之言云，曰：
受邦之垢，是谓社稷之主；
受邦之不祥，是谓天下之王。
正言若反。

◎流通本

天下莫柔弱于水，
而攻坚强者莫之能胜，
其无以易之。
弱之胜强，柔之胜刚①，
天下莫不知，莫能行。
是以圣人云：
受国之垢，是谓社稷主；
受国不祥，是为天下王。
正言若反。

经文差异

①"柔弱"与"弱柔"

帛书本作"柔之胜刚，弱之胜强"。
流通本作"弱之胜强，柔之胜刚"。

两个版本经文颠倒，但经义一致。但上文"天下莫柔弱于水"，第80章"柔弱胜强"，都是"柔弱"而非"弱柔"，即柔先弱后，故而此处取帛书本顺序更为妥当。

第四十四章
（流通本第79章）

◎帛书本

和大怨，必有余怨，焉可以为善？
是以圣人执**右**^①契，而不以责于人。
故有德司契，无德司彻。
夫天道无亲，恒与善人。

《德》三千册一②

◎流通本

和大怨，必有余怨，安可以为善？
是以圣人执**左**^①契，而不责于人。
有德司契，无德司彻。
天道无亲，常与善人。

经文差异

①"左"还是"右"

帛书甲本作"执右契"，乙本作"执左契"。

流通本作"执左契"。

　　按经文理解，此处"左右"不过是表尊与卑，甲方与乙方，强势方与被动方，被求还是求。只需明白历史上以左为尊还是以右为尊即可。

　　"左右"二字，《校注》认为古文"形近易混，甚难分别。"但"左右"二字均见于第75章："君子居则贵左，用兵则贵右""是以吉事上左，丧事上右；是以偏将军居左，上将军居右"。且该章经文帛书甲乙本均保存比较完整，与王弼本完全一致，并无争议，均是"左尊右卑"，古文字学家高亨亦引之为证。但《校注》谓其"矛盾百出，至今仍不得其解"，《校注》

认为，古契制"右为尊"（此与方位不同）。

笔者认为，无论方位还是契制，在中国各个历史时期或许并不完全相同，既有以右为尊，亦有以左为尊。如《廉颇蔺相如列传》："以相如功大，拜为上卿，位在廉颇之右。""位在廉颇之右"即以右为尊。《坛经》："惠能严父，本贯范阳，左降流于岭南，作新州百姓。"《琵琶记·并序》："元和十年，予左迁九江郡司马。"此"左降""左迁"，皆是以左为卑。而关于契制，《史记·田敬仲完世家》"左契之操"，即是以左为尊，此"契"即同于本章所执之"契"，与《校注》"古契制右为尊"之说不同。故而此处作"左契"或"右契"均无妨，均不违经义。当然，如《校注》所云，甲本乃秦代抄写之文本，"来源更古老，可能保存了更为原始的古句"，则可取甲本作"右"。

②帛书乙本有"《德》三千冊一"，"冊"意为四十，表《德》篇共计 3041 字。

帛书甲本与流通本均无。

道 篇

第四十五章

（流通本第1章）

◎帛书本

道，可道也，非恒①道也。

名，可名也，非恒名也。

无名，**万物**②之始也；

有名，万物之母也。

故恒无欲也，以观其妙。

恒有欲也，以观其所徼。

两者同出，异名同谓③。

玄之又玄，众妙之门。

◎流通本

道，可道，非**常**①道。

名，可名，非常名。

无名，**天地**②之始；

有名，万物之母。

故常无欲，以观其妙；

常有欲，以观其徼。

此两者同出而异名，

同谓之**玄**③，

玄之又玄，众妙之门。

经文差异

①"恒"与"常"

帛书本作"恒"。

流通本作"常"。

流通本是因避汉文帝刘恒之讳而改"恒"作"常"。

②"万物"与"天地"

帛书本作"无名，万物之始"。

流通本作"无名，天地之始"。

天地与万物有别，天地如世界之山河大地，万物则如世界之房子、宫殿、金银珠宝等。"天地不仁，以万物为刍狗"，可知天地生万物；天地如树干，万物如果实，恒道则如树根。树根是果实之始（根源，根本），是生果实之远因；而树干则是果实之母（直接生果），是生果实之近因。流通本"无名，天地之始"，是说树根是树干之始、之根、之本，而"有名，万物之母"则是说树干又是果实之母。王本并无不妥，但此处宗旨是在说万物之来源，生万物之远因，而非明生万物之近因，或者道、天地、万物层层相生。也就是追根溯源，寻根究底，以知果实如何得生，而不是说果树之起源。为何？因为世人见果必然执着"果"，从而忘掉有名之树干，更不会在意无名之树根（道）。如同世人不会在意山河大地（天地），而只会在意房子、车子、票子，在意功名利禄（万物）。果实以及钱财权色，就是"万物"，就是财色名利，色声香味。故而老子于道篇第一章，引导世人于"果实"而"果树"，于"果树"而"树根"，从观万物而知天地，于天地而悟"恒道"，背尘合道，"复归于朴""复归于婴儿"。若是执着果实，则永远不见树根；执着万物，则永远不见恒道。世人皆执着果实，执着万物，如何不执？"观其（果、万物）所徼"，即万物皆有生灭，无常非恒而不可得。但执着树干与树根亦不可取，因为树根可以生树干，树干则能抽枝开花结果，能生妙有，此即"观其（无名之恒道）妙"，否则无为便成了无所作为，碌碌无为。执着万物不是恒道，执着果实就不能见树根。同样，离开万物不能入道，不依靠果实如何能见树根？故要入道，唯需于万物而不执万物，于果实而不执果实，知万物之母、之始，妙徼齐观，不执着不断灭，此即入恒道之妙方。

另外，王弼《老子道德经注》云："凡有皆始于无，故未形无名之时，则为万物之始；及其有形有名之时，则长之育之，亭之毒之，为其母也。"可见王弼本经文原亦作"万物"，"天地"乃是被后人窜改所致。

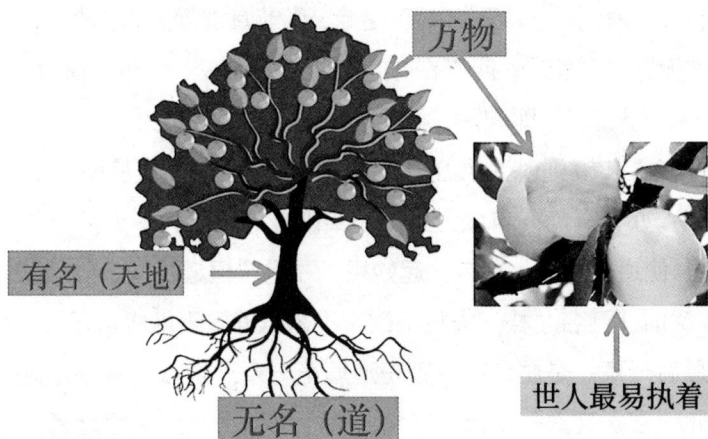

万物

有名（天地）

无名（道）

世人最易执着

③有无"之玄"

帛书本作"玄之又玄"。

流通本作"之玄，玄之又玄"。

《帛书老子校注》认为是否有此二字"彼此经义无原则差异"。笔者认为，此说欠妥。因此句经文略显晦涩，经义甚深难懂，故需要深入剖析。

"玄"字本义为深奥、幽深，世人难测难解，如第58章云"视之而弗见，听之而弗闻，捪之而弗得""无状之状，无物之象""随而不见其后，迎而不见其首"。越幽深、幽远，则越难为世人所知，越远离世人，越幽静。故"玄"字当作"玄默"解，意为沉静不语，引申为**空寂、清静、无为、无事**。《淮南子·主术训》："天道玄默，无容无则。"《文选·扬雄》："且人君以玄默为神，澹泊为德。"李周翰注："玄默，**无事**也。"《旧唐书·文艺传下·刘蕡》："朕闻古先哲王之理也，玄默**无为**，端拱思道。"景耀月《古诗》："至道尚玄默，宁静持其钧。"故此处"玄"即"使清静无为、无事、空寂"之意，引申为破除、扫除、涤荡、空掉有思有欲之妄念而归于无思无欲，归于清静无为。"玄"不作形容词玄妙解，而是作动词用，即"使之玄"。

如何"玄"？因世人皆执着万物实有，故第一步"玄"，是玄"有"（空掉"有"）而使之归于清静无为，是"观其徼"（虚妄无常），玄"有欲"

而归于"无欲",第 81 章谓"化而欲作,吾将镇之以无名之朴"。

玄"有"之后,尚有"无"(空)之念,尚非真清静无为,故第二步"又玄",是玄"无"(空"空"),连"无"亦要玄,空亦要空,方是真清静。是"观其妙",是玄"无欲",即破除"无欲"之念、之执,"无欲"亦不欲,破空执。若仅有"玄",则恐会执着"无欲",空心静坐,却被静缚,百无所思,落入断灭空,亦非真静,自以为是无,实则是碌碌无为,无所作为,故必须"又玄",使道流通,生妙有、起妙用,才是"恒道",才是入道之妙门。道篇第 81 章谓"无名之朴,夫将不欲。不欲以静,天地将自正",而第 81 章是道篇最后一章,是尾;本章则是道篇第一章,是首。首尾呼应,势若回龙。因此"玄之又玄"即清之又清、静之又静、空之又空之意,是修无为之道的两个层次,缺一不可。

另,因帛书甲本在"异名同谓"之下标有句号,故帛书整理小组及断句为:"两者同出,异名同谓,玄之又玄",《校注》从之。此断句亦同样晦涩,笔者认为,"异名同谓"之"谓"当作意思、意义解,"同谓"即同样的意思。"异名同谓"即"名异谓同",名称不同但意思相同,"无与有"虽然名称各异(异名),但意思相同(同谓,即同样的意思),如水与波,名称各异,但实则是一回事。既然相同,就既不能执着波,亦不能执着水,必须"玄",破除"有"执;"又玄",破除"无"执,方是证入清静无为恒道之妙门。

如此理解,则经义就非常畅通了。而流通本"之玄"二字,在此显然多余且不通顺,一定要加,也应该是"玄之"而非"之玄",故此二字当系后人妄加。

第四十六章
（流通本第2章）

◎帛书本

天下皆知美之为美，恶矣；
皆知善①，斯不善矣。
有无之相生也，难易之相成也，
长短之相形也，高下之相盈也，
音声之相和也，先后之相随，
恒也②。

是以圣人居无为之事，
行不言之教。
万物作而弗始也③，
为而弗恃也，成功而弗居也。
夫唯弗居，是以弗去。

◎流通本

天下皆知美之为美，斯恶已；
皆知**善之为善**①，斯不善已。
故有无相生，难易相成，
长短相较，高下相倾，
音声相和，前后相随②。

是以圣人处无为之事，
行不言之教。
万物作焉而不辞，**生而不有**③，
为而不恃，功成而弗居。
夫唯弗居，是以弗去。

经文差异

①有无"之为善"
帛书本作"皆知善"。
流通本作"皆知善之为善"。

流通本多"之为善"三字而与前句对偶，但不违经义，《校注》认为这种骈文形式，可能受六朝文体的影响而改动。

115

②有无"恒也"

帛书本有"恒也"二字。

流通本无此二字。

综合经义分析，此章前面说的是"天下"人，即普通世人，此类人虚妄分别执着善恶美丑，陷入二元对立，对世人来说，这种分别执着是恒常不变的，与生俱来的，坚固的，故说"恒也"。而下一段则是说圣人，其与清静无为之道相合，与世人完全不一样。因此"恒也"二字，一则说明世人此分别执着之顽固，二则收前文而启下文，故此二字当系原文本有，流通本或因后人不解此二字涵义而误删。

③有无"生而不有"

流通本有"生而不有"。

帛书本则无此四字。

结合上文"万物作而弗始"分析，即圣人持无为之道，如天地一样生养万物而不以为自己有功，不以为自己是万物之始，即"生而不有"之意，与下文"为而弗恃"义相近，故此处有无"生而不有"句，皆不违经义。第14章"生而弗有也，为而弗恃也，长而弗宰也"、第54章"生而弗有，长而弗宰也"，句型亦与本章相同，《校注》认为后人正是仿此而妄增。不过因不影响经义，无需过多索究。

第四十七章
（流通本第3章）

◎帛书本

不上贤，使民不争。

不贵难得之货，使民不为盗。

不见可欲，使民^①不乱。

是以圣人之治也，

虚其心，实其腹，

弱其志，强其骨。

恒使民无知无欲也，

使夫智不敢、弗为而已^②，

则无不治矣。

◎流通本

不尚贤，使民不争；

不贵难得之货，使民不为盗。

不见可欲，使民心^①不乱。

是以圣人之治，

虚其心，实其腹，

弱其志，强其骨。

常使民无知无欲。

使夫智者不敢为也。

为无为^②，则无不治。

经文差异

①"民"与"民心"

帛书本作"使民不乱"。

流通本作"使民心不乱"。

　　民与民心，一字之异，意义迥别。所谓乱，分为身乱、口乱、心乱。如第20章"人多知巧，而奇物滋起，法物滋彰，而盗贼多有"，则是身乱；第30章"重死而远徙"、"甘其食，美其服，乐其俗，安其居"即身不乱；第56章"五色使人之目盲，难得之货使人之行妨，五味使人之口爽，五

音使人之耳聋"，亦是身乱，而"驰骋田猎使人心发狂"则是心乱。第 19 章"知者弗言"即是口不乱，"言者弗知"则是口乱。老子开示虚静无为之道，意在使民身、口、心皆不乱，而非仅仅是指民之"心不乱"，虽然身乱口乱皆由心乱所致，但从其他章节分析，老子身口心分明，故而此处流通本或为后人窜改。

②有无"为无为"

流通本有"为无为"。

帛书本无。

从经义分析，"不敢、弗为"即有"无为"之意，加"为无为"虽不违经义，但显得重复。

第四十八章
（流通本第4章）

◎帛书本

道盅[①]，而用之又弗盈也。

渊呵，似万物之宗。

挫其锐，解其纷，

和其光，同其尘。

湛呵似或存。

吾不知其[②]谁之子也，象帝之先。

◎流通本

道冲[①]，而用之或不盈。

渊兮，似万物之宗。

挫其锐，解其纷，

和其光，同其尘。

湛兮似或存。

吾不知[②]谁之子，象帝之先。

经文差异

①"盅"与"冲"

帛书本作"道盅"。

流通本作"道冲"。

"盅"本意为杯类，说文解字注："盅，器虚也。"即容器空虚，若不空如何能装水。

而"冲"亦可作"冲虚"，但多指恬淡虚静而非指容器之空。

从经义理解，此"盅"（或"冲"）应与下文"盈"（满）相对，"道盅，而用之又弗盈也"即意同下一章"虚而不屈，动而愈出"。《滕王阁序》云："兴尽悲来，识盈虚之有数。"《易传》："日中则昃，月盈则食，天地盈虚，与时消息。"此"盈虚"即"盈盅"。帛书本第8章"大盈若盅，其用不穷"，亦是作"盅"。故此处宜从帛书本作"盅"。

②有"其"无"其"

帛书本"吾不知其谁之子"。

流通本作"吾不知谁之子"。

"其"乃是指的"道",有"其"字更佳。王弼《老子道德经注》第69章注解"有物混成,先天地生"时,有"不知其谁之子"句,足见王弼本原文亦有"其"字。

第四十九章

（流通本第5章）

◎帛书本

天地不仁，以万物为刍狗。

圣人不仁，以百姓为刍狗。

天地之间，其犹橐籥与？

虚而不屈，动而愈出。

多闻①数穷，不若守于中。

◎流通本

天地不仁，以万物为刍狗。

圣人不仁，以百姓为刍狗。

天地之间，其犹橐龠乎？

虚而不屈，动而愈出。

多言①数穷，不如守中。

一、经文差异

①"闻"与"言"

帛书本作"多闻数穷"。

流通本作"多言数穷"。

闻用耳，言用嘴，字面意思不同。

从经文分析，"多闻（言）数穷"即不虚则屈、道不盅则盈，与上文"虚而不屈"及上一章"道盅而用之或弗盈"相反，此是从反面来说明不"盅"之弊。故多"闻（言）"就指的"道不盅"，是有为，与无为之道相悖。"数穷"就指的"用之则盈"。多"闻（言）"即如容器不空（不"盅"），不"盅"则其用必然很快就会穷尽（装不了多少），即"数穷"。此多"闻（言）"即同于第11章"为学者日益，闻道者日损"之"日益"，为学是"闻"还是"言"？显然是作"闻"，故此处亦当从帛书本作"闻"，流通本或系后人窜改。

二、经义分歧

"天地不仁，以万物为刍狗；圣人不仁，以百姓为刍狗。"此句经文多被误读，不得老子本旨，故需特别分析：

按王弼《老子道德经注》，此处解为"天地任自然，无为无造，万物自相治理，故不仁也"。此释尚可。但"天地不为兽生刍，而兽食刍；不为人生狗，而人食狗"。就越说越离谱了。

而更多则是解读为老子反对仁义，并引第1章"故失道而后德，失德而后仁，失仁而后义，失义而后礼"、第62章"故大道废，安有仁义"为证。包括著名哲学家张岱年亦说"老子对仁义还是反对的"（王博《张岱年先生谈荆门郭店竹简〈老子〉》）。

天地不仁之本义，乃是指的天地自然无为而不欲仁，"不仁"即有道有德，若仁即已失道失德（第1章"失德而后仁"）。刍狗即祭祀时用草扎成的狗，用了便扔掉，其有狗名而无狗之实，似有实虚，故不会执着，此即观其徼，善于放下；虽似假而有祭祀之大用，可借假修真，故会善待每一只刍狗，不落断灭，此即观其妙，善于拿起。"天地以万物为刍狗"，喻有无并立，妙徼齐观，天地虽生育万物，乃自然而生，非有心要生，虽生而不以为生；天地虽爱养万物，但其仁爱之心是自然而然，没有区别对待，没有仁与不仁之二元对立，是大仁。

反之，若失道而后施行仁，则其仁必然有区别对待，必是有心而为，是有为而非无为，即"上仁为之而无以为"，或下仁为之而有以为，此仁分上下，即"天地有仁"。仁即爱，爱必取，取必贪，此是"小仁"，非大仁，非道！老子谓"失德而后仁"，同样，得仁而后得道，仁离德最近，因此若要入道，则亦必然要从"小仁"开始，连仁爱都没有，何来入道之说？如同"不思善、不思恶"是最高境界，但亦必须从诸恶莫作、众善奉行开始起修；要证到"万法皆空"，必须从"因果不空"下手，大彻大悟者，无一不深信因果。此为老子之本旨，当明辨。

第五十章
（流通本第6章）

◎帛书本

谷神不死，是谓玄牝。

玄牝之门，是谓天地之根。

緜緜呵若存，用之不勤。

◎流通本

谷神不死，是谓玄牝。

玄牝之门，是谓天地根。

绵绵若存，用之不勤。

一、经文差异

本章经文两个版本并无区别。

二、经义分歧

关于"谷神"，究竟是指的山谷还是指的养生，究竟是一还是二（即"谷"与"神"）？众说纷纭。

《校注》援引司马光、严复、朱谦之说云："'谷'喻其虚怀处卑，'神'谓其变化莫测。"即"谷"、"神"是二不是一，理由是第2章"神得一以灵，谷得一以盈"，亦是"神""谷"分离。笔者觉得欠妥，此"神"乃是指的人心、神识；而本章"谷神"指的是空谷之神，因其空而能回应，故称之为"神"，若仅空而不能回应，则"不神"。

而王弼《老子道德经注》解为"谷神，谷中央无谷者也。无形无影，无逆无违，处卑不动，守静不衰，物以之成而不见其形"。此解明显更契合经义，可从。

123

第五十一章
（流通本第7章）

◎帛书本	◎流通本
天长地久。	天长地久。
天地之所以能长且久者，	天地所以能长且久者，
以其不自生也，故能长生。	以其不自生，故能长生。
是以圣人退其身而身先，	是以圣人后其身而身先，
外其身而身存。	外其身而身存。
不以其无私与？故能成其私。	非以其无私邪？故能成其私。

一、经文差异

本章经文两个版本无明显差别。

二、经义分歧

关于"自生"之"生"，《校注》认为与第13章："生之徒十有三，死之徒十有三，而民生生，动皆之死地十有三，夫何故也？以其生生也"之"生生"相同，即贵于养生，俗谓贪生怕死，故而死之机遇反倍于生。二者从正反两面阐述，语异而义同。笔者认为，此说欠妥，第40章"夫唯无以生为者，是贤贵生"，方是与第13章从正反两方面阐述。

天恒长，地恒久，天地长久乃是因其毫无私心，"不以其无私与？故能成其私"，私心包括为自己攫取利益，扩张地盘，争名夺利等，而非仅指天地不自我养生。

第五十二章
（流通本第8章）

◎帛书本

上善似^①水。
水善利万物而**有静**^②。
居众人之所恶，故几于道矣。
居善地，心善渊，予善**天**^③，
言善信，政善治，
事善能，动善时。
夫唯不争，故无尤。

◎流通本

上善若^①水。
水善利万物而**不争**^②。
处众人之所恶，故几于道。
居善地，心善渊，与善**仁**^③，
言善信，正善治，
事善能，动善时。
夫唯不争，故无尤。

经文差异

①"似"与"若"
帛书本作"上善似水"。
流通本作"上善若水"。

"似"与"若"意思相同，唯世人已经习惯"上善若水"。

②"有静"与"不争"
帛书甲本作"水利万物而有静"，乙本作"而有争"。
流通本作"水利万物而不争"。

"有静""有争""不争"差别很大。帛书整理小组在甲本"静"后括号注一"争"，《马王堆汉墓帛书老子》注15云"乙本亦作'而有争'，通

行本作'而不争'，义正相反，按下文云'夫唯不争故无尤'，疑通行本是。"《校注》认为仅据末句"夫唯不争故无尤"即断定"有静"与"有争"，统为"不争"之误，似证据甚弱，难以肯定。

笔者认为：

1. 帛书甲本作"有静"，乙本作"有争"，两个版本皆作"有"，区别在于"静"与"争"。结合本章乃至全经（第67章"夫唯不争，故莫能与之争"）分析，"有争"显然与老子本旨不符。

2. 徐志钧《老子帛书校注》云："北京大学所藏西汉竹简本《老子》此句亦作'上善如水，水善利万物而有争'。这些早期的传本都作'有争'，很明白不是误书。'静'、'争'古通，'有静'即是'有争'。"故乙本之"有争"即是"有静"。

3. 俗话说"人往高处走，水往低处流"，故可说水"不争"，"居众人之所恶"即不与人争。而"有静"之"静"即虚静无为，亦有不争之意。但"不争"到底是不能争、不想争还是不敢争？此有区别，故不争并非一定意味着"静"。"有静"则不一样了，毫无"争"之念，若"争"之念未断，则不能谓"静"。无"争"之念，自然也无所谓能争、想争、敢争之别。"有静"即清静，无得失之心，利而不恃，利万物而有静，即如《金刚经》谓无所住（有静）行于布施（利万物），此亦与水之性相符。

综合分析，此处宜从帛书甲本更契合老子清静无为之道。

③ "天"与"仁"

帛书本作"与善天"。

流通本作"与善仁"。

"与善天"与"与善仁"经义差别很大。"仁"字在经中曾多次出现，比如第1章"失德而后仁，失仁而后义"，第49章"天地不仁，以万物为刍狗"，第62章"故大道废，安有仁义"，第63章"绝仁弃义，民复孝慈"。"仁"是因为失道失德不得已而为，是有为，非老子所宣说清静无为之道。而"天"在经中则多指的道，第60章"天乃道"。"予善天"即圣人好施予善于成就万物如天一样。若要说仁，亦应当是予"不仁"天，即"不仁"如天一样（"天地不仁"），而非"与善仁"。可见，流通本作"与善仁"，当是后人不解经义窜改所致。

第五十三章
（流通本第9章）

◎帛书本

持而盈之，不若其已。
揣而锐（群）^①之，
不可长保之也。
金玉盈室，莫之守也。
富贵而骄，自遗咎也。
功遂身退，天之道也。

◎流通本

持而盈之，不如其已。
揣而梲^①之，
不可长保。
金玉满堂，莫之能守。
富贵而骄，自遗其咎。
功成身退，天之道也。

经文差异

① "锐"与"梲"

帛书本：《校注》勘校作"揣而锐之"，帛书整理小组认为当作"揣而铅之"（见《马王堆汉墓帛书老子》注18）。

流通本作"揣而梲之"。

王弼《老子道德经注》云："既揣末令尖，又锐之令利，势必摧衄，故不可长保也。"足见王弼原本亦作"揣而锐之"，"梲"显是后人所改。

综合分析，作"揣而锐之"，意为打磨使之变得更尖锐，对此似乎并未有争议。然而结合上下经文分析，"持而盈之""金玉盈室""富贵而骄"都是在说财富，即要懂得知足，不知足则财富再多必然会失去，中间横亘一"揣而锐之"，虽然义理说得通，但总觉与上下文不协调。

　　问题在哪里呢? 不妨看看楚简本:"持而盈之,不若已。揣而**群**之,不可长保也。"楚简本作"群",与帛书本王弼本都不一样。"群"本义指牲畜聚合一处,泛指同类相聚,引申表示众多,与"持而盈之""金玉盈室"之"盈"意思完全相同,"揣"即藏在怀里、藏在衣服里,"揣而群之"即把很多藏在怀里,即贪财之意,正与"持而盈之""金玉盈室"意义完全一样。故此处当从楚简本作"群"。

第五十四章
（流通本第10章）

◎帛书本

载营魄抱一，能毋离乎？
抟气致柔，能婴儿乎？
涤除玄鉴①，能毋疵乎？
爱民治国，能毋以智乎？
天门启阖，能为雌乎？
明白四达，能**毋以知**②乎？
生之畜之，生而弗有③，

长而弗宰也，是谓玄德。

◎流通本

载营魄抱一，能无离乎？
抟气致柔，能婴儿乎？
涤除玄览①，能无疵乎？
爱民治国，能无知乎？
天门开阖，能为雌乎？
明白四达，能**无为**②乎？
生之畜之，生而不有，
为而不恃③，

长而不宰，是谓玄德。

经文差异

① "鉴"与"览"
帛书本作"涤除玄鉴"。
流通本作"涤除玄览"。

"鉴"意为镜子，"涤除玄鉴"即第11章"闻道者日损，损之又损，以至于无为"，指修道者应清洗内心的欲念至少私寡欲，使得心如同明镜（鉴）一样。《坛经》著名偈颂"身是菩提树，心是明镜台，时时勤拂拭，莫使惹尘埃"即与此义相似。

129

而王弼本作"览"，本意为观看，其《老子道德经注》解为"言能涤除邪饰，至于极览，能不以物介其明、疵其神乎？""玄览"即排除一切遮挡，览之极，指清除一切障碍而一览无余之境界（既可以指肉眼所览之物质世界，亦可指心所览之内心世界），如杜甫"会当凌绝顶，一览众山小"，《滕王阁序》"山原旷其盈视"。此解似亦契合经义，并无不妥，然"涤除览"与"涤除鉴"，从句型结构来看，显然作"涤除鉴"更妥，故当从帛书本作"鉴"。

②"毋以知"与"无为"

帛书本作"明白四达，能毋以知乎"。

流通本作"明白四达，能无为乎"。

"毋以知"与"无为"，含义相同，均可指清静无为之道，但若与"明白四达"搭配，则显然当作"毋以知"，即无有妄知方是真知，方是真的明白。

③有无"为而不恃"

帛书本无此四字。

流通本多此四字。

仅从经义分析，难以判定此四字究竟是否当有。《校注》结合其他章节分析，认为流通本此四字当为后人增入，可以参考。

第五十五章
（流通本第11章）

◎帛书本

卅辐同一毂，

当其无，有车之用也。

埏埴为器，

当其无，有埴器之用也。

凿户牖①，

当其无，有室之用也。

故有之以为利，无之以为用。

◎流通本

三十辐共一毂，

当其无，有车之用。

埏埴以为器，

当其无，有器之用。

凿户牖**以为室**①，

当其无，有室之用。

故有之以为利，无之以为用。

一、经文差异

①有无"以为室"

帛书本作"凿户牖"。

流通本作"凿户牖以为室"，多"以为室"三字。

有无此三字，不影响经义。

二、经义分歧

"有之以为利，无之以为用"之"利"和"用"，有作动词"利用"解，即发挥效用，或把"利"作便利解，皆有违经义。

首先，此"利"与"用"，当分开解，与"有"和"无"相对，而不能作动词"利用"解。

其次，"利"非指的利益或者便利，而是指的"利器"之"利"，指有形之器，第80章"鱼不可脱于渊，邦利器不可以示人"，"邦利器"即"有之以为利"，"不可以示人"即"无之以为用"。第21章"方而不割，廉而不刺，直而不肆，光而不耀"之"方、廉、直、光"即是有之"利"，而"不割、不刺、不肆、不耀"则是无之"用"。

第五十六章
（流通本第12章）

◎帛书本

五色使人之目盲，

驰骋田猎使人心发狂，

难得之货使人之行妨①，

五味使人之口爽，

五音使人之耳聋。

是以圣人之治也，为腹不为目。

故去彼而取此。

◎流通本

五色令人目盲，

五音令人耳聋，

五味令人口爽，

驰骋畋猎令人心发狂，

难得之货令人行妨①。

是以圣人为腹不为目，

故去彼取此。

经文差异

帛书本与流通本经文并无明显差别，唯经文顺序有较大差异：

①帛书本"五色使人之目盲"之后是"驰骋田猎使人心发狂，难得之货使人之行妨"。

流通本则是"五色令人目盲，五音令人耳聋，五味令人口爽"，然后才是"驰骋田猎"与"难得之货"，且"五音、五味"与"帛书本"五味、五音"顺序颠倒"。

两种顺序均不影响经义，但分析本章经文，其要旨是老子开示圣人养生之道，即少私寡欲，知止知足，以养精气神，类似佛门的持戒度，与第18章意相仿。

《庄子·内篇·应帝王》："人皆有七窍，以食、听、视、息。"窍即是

133

人体与外界相通的孔窍，包括目、鼻、口、耳共七窍。《寿世传真》："耳乃精窍，目乃神窍，口鼻乃气窍。"如果贪著财色声香，则七窍就会被堵塞：贪五色则堵神窍，贪五味则堵气窍，贪五声则堵精窍，此即"五色使人之目盲""五味使人之口爽""五音使人之耳聋"。精气神不通，自然生机全无；反之，若如赤子一样，精气神通畅，自然生生不息。

结文则释为何圣人精气神三窍畅通，其根源乃是为腹不为目。世人不知足知止，欲望无尽，三窍不通，如同管道一样，东西塞多了，自然就会被堵。

再看看"驰骋田猎使人心发狂，难得之货使人之行妨"，驰骋田猎与贪著难得之货，都是源于目看而心分别，因分别而使身行贪著之事，与五色一样都系目所引发，故当从帛书本置于"五色"之后。

流通本"五色、五音、五味"表面排列显得更为整齐，但内涵却更混乱，恐是后人不知老子玄机而妄改。

第五十七章

◎帛书本

宠辱若惊（荣）①，贵大患若身。

何谓宠辱若惊②？

宠之为下，

得之若惊（荣），失之若惊（荣），

是谓宠辱若惊（荣）。

何谓贵大患若身？

吾所以有大患者，为吾有身也。

及吾无身，有何患？

故贵为身于为天下，

若可以**托**③天下矣；

爱以身为天下，

如可以**寄**（迲）④天下矣。

◎流通本

宠辱若惊①，贵大患若身。

何谓宠辱若惊②？

宠为下，

得之若惊，失之若惊，

是谓宠辱若惊。

何谓贵大患若身？

吾所以有大患者，为吾有身。

及吾无身，吾有何患？

故贵以身为天下，

若可**寄**③天下；

爱以身为天下，

若可**托**④天下。

经文差异

①"惊"与"荣"

除了池田知久《郭店楚简老子新研究》勘校作"攖"外，几乎所有版本都作"宠辱若惊"，意为世人惊受辱，而圣人则刚好相反，惊受宠，依据是第 72 章云"知其荣，守其辱"，"荣"即"宠"，似经义畅通，并无争议。

然而圣人入虚静无为之道，妙徼齐观，当无论宠辱皆不惊，即既不惊宠，亦不惊辱，即便宠之来，亦不会执着，淡然处之，何以会"宠辱若惊"？再则，笔者试图透彻本章经义，但无论如何理解，总感觉不顺畅，这在其他章节鲜有出现。

直至拜读了裘锡圭《"宠辱若惊"是"宠辱若荣"的误读》一文（载《中华文史论丛》2013 年第 3 期，中西书局《老子今研》81 页），方有所悟。该文认为郭店简《老子》与今本第 13 章"惊"字相当之字，从文义看，应读为"荣"。"宠辱"为动宾结构，"宠"即爱，即圣人爱（宠）辱如同（若）世人爱（宠）荣。

笔者把"惊"作"荣"，则经义瞬间通畅了。"宠辱"与下文"贵大患若身"之"贵大患"相似。"贵"意为重视，即世人贵（重视）病、苦等大患（治标），若（如同）圣人重视身体（治本）一样。如果作"贵身若大患"，句型结构就与"宠辱若荣"完全一样了。

若"宠"作名词用，则"宠为下，得之若惊"应为"得之若得辱"，即宠为卑下之事，得之如同得辱一样，同为卑下之事。

不过，裘老该文释"得之若荣，失之若荣"为"得之若得荣，失之若失荣"就不妥了。（详见笔者《帛书道德经义贯》）

②"何谓宠辱若惊"

帛书本与流通本皆作"何谓宠辱若惊"。

唯楚简本无"若惊"，若作"若荣"，则释然了，"若惊"二字纯属多余。

③④"寄托"还是"托寄"

流通本顺序为"寄天下""托天下"。

帛书本作"托天下""寄天下"。

对于"寄天下"之"寄"，帛书甲乙本及世传诸本均作"寄"，楚简本为"迲"，部分注疏认为是"寄"的假借字。笔者认为当从楚简本作"迲"本字（音 ke），类似贵州、云南部分地方方言"ke"，发音与"去"相近，也是表去的意思。"贵为身于为天下"与"爱以身为天下"是两类人，前者是无为，可以寄天下；后者是有为，不可以托付天下，即"迲"天下，离开统治地位，被天下抛弃，如此经义方顺畅。因此第一字用"寄"或者"托"都没问题，都是寄托、托付之意，唯第二字应该与"寄托"意相反。如此无论帛书本还是王弼等世传诸本，都不如楚简本契合经义。

第五十八章

（流通本第14章）

◎帛书本

视之而弗见，名之曰微①。
听之而弗闻，名之曰希。
捪之而弗得，名之曰夷②。
三者不可致诘，故混而为一。
一者，其上不皦，其下不昧，
绳绳不可名也，复归于无物。
是谓无状之状，无物之象，
是谓忽恍。
随而不见其后，迎而不见其首③。
执今④之道，以御今之有。
以知古始，是谓道纪。

◎流通本

视之不见名曰夷①，
听之不闻名曰希，
搏之不得名曰微②。
此三者不可致诘，故混而为一。
其上不皦，其下不昧。
绳绳不可名，复归于无物。
是谓无状之状，无物之象，
是谓惚恍。
迎之不见其首，随之不见其后③。
执古④之道，以御今之有。
能知古始，是谓道纪。

经文差异

① "微"与"夷"

帛书本作"视之而弗见，名之曰微"，即"见"与"微"对；"捪之而弗得，名之曰夷"，即"捪"与"夷"对。

流通本作"视之而弗见，名之曰夷"，即"见"与"夷"对；"搏之而弗得，名之曰微"，即"搏"与"微"对。

138

两个版本刚好相反。今分析"微、夷"二字，"微"指微小、几微、细微、隐微，"夷"指平、平定、铲平，引申为灭、消失，如夷为平地、夷灭九族。两字意思不一样，"微"虽小而不见，但并非不存在；而"夷"则是灭失，摸不到的原因是根本没有。如同灰尘，太微小了，所以眼见看不到，视而不见，但是用手一摸，手上全是灰，此即"捪"而能得，为何？因为灰尘没有被"夷"，若灰尘被擦掉或被水冲刷，则可谓之"夷"，再以手触摸，则"捪"而不得，此之谓"夷"。可见，"视之而弗见"，不能名之曰"夷"，而当作"微"；"捪之而弗得"，亦不能言"微"，而当作"夷"，此当是王弼本明显错误。

②"捪"与"搏"

帛书本作"捪之而弗得"。

流通本作"搏之而弗得"。

"捪"即触摸之意，"搏"意为对打、搏斗，引申为攫取、拾取。从前文分析，此处显然当从帛书本作"捪"，而流通本则系被后人所改动。

③"后首"与"首后"

帛书本作"随而不见其后，迎而不见其首"。

流通本作"迎之不见其首，随之不见其后"。

两个版本顺序颠倒，皆不违经义。

④"今"与"古"

帛书本作"执今之道"。

流通本作"执古之道"。

"古今"一字之差，意义迥别。笔者认为，此需结合其他章节经文分析。第 28 章"古之为道者，非以明民也，将以愚之也"，第 59 章"古之善为道者，微妙玄达，深不可识"，第 5 章"古人之所教，亦我而教人"，第 20

章"是以圣人之言曰: 我无为而民自化, 我好静而民自正, 我无事而民自富, 我欲不欲而民自朴"。可见, 老子所宣说的道并非今之道, 而是古已有之, 所谓述而不作, 如六祖慧能云: "教是先圣所传, 不是惠能自智。""治推上古, 道合无为", 此当是老子核心思想。另, 王弼《老子道德经注》第 47 章 (帛书本第 10 章) 亦云"执古之道, 可以御今", 与本章经文一致。故综合分析, 笔者认为当从流通本作"执古之道"。

《校注》则认为当从帛书本作"执今之道", 理由是: 按托古御今是儒家的思想, 法家重视现实, 反对托古。《史记·商君列传》: "卫鞅曰: '治世不一道, 便国不法古。'"《荀子·非相篇》: "舍后王而道上古, 譬之是犹舍己之君而事人之君也。故曰: '欲观千岁, 则数今日。'"《太史公自序》言及道家则云: "有法无法因时为业, 有度无度因物与合。故曰: '圣人不朽, 时变是守。'"从而足证经文当从帛书甲、乙本作"执今之道, 以御今之有"为是。

笔者认为, 《校注》认为老子反对儒家, 道家与儒家乃对立学说, 故而认为儒家提倡托古御今, 则道家就应该反其道而托今御今, 此是对老子思想的曲解 (笔者在相关章节已有分析), 此是其一。其二, 《校注》引《太史公自序》言及道家则所云"圣人不朽, 时变是守"为"执今"之佐证。但笔者认为, 太史公作为史学家, 因出生时 (或年幼时) 正值董仲舒提出"罢黜百家, 独尊儒术", 故其关于老子思想的理解, 不乏以儒解道、以孔解老、以低维解高维, 因而不能"照单全收"。如《史记·货殖列传序》: "老子曰: '至治之极, 邻国相望, 鸡狗之声相闻, 民各甘其食, 美其服, 安其俗, 乐其业, 至老死不相往来。'必用此为务, 挽近世涂民耳目, 则几无行矣。"此明显是对老子思想的曲解, 故而笔者觉得《校注》引之为证, 颇有不妥。

第五十九章
（流通本第15章）

◎帛书本

古之善为**道**[1]者，

微妙玄**达**[2]，深不可识。

夫唯不可识，故强为之容，曰：

豫呵其若冬涉水，犹呵其若畏四邻，

严呵其若客，涣呵其若凌释。

敦呵其若朴，混呵其若浊，

旷呵其若谷[3]。

浊而静之徐清[4]，

安以动之徐生。

保此道不欲盈，

夫唯不欲盈，

是以能**敝而不成**[5]。

◎流通本

古之善为**士**[1]者，

微妙玄**通**[2]，深不可识。

夫唯不可识，故强为之容：

豫焉若冬涉川，犹兮若畏四邻，

俨兮其若客。涣兮若冰之将释。

敦兮其若朴，旷兮其若谷，

混兮其若浊[3]。

孰能[4]浊以静之徐清，

孰能安以久动之徐生。

保此道者不欲盈，

夫唯不盈，

故能**蔽不新成**[5]。

经文差异

①"道"与"士"

帛书本作"古之善为道者"。

流通本作"古之善为士者"。

为道与为士，笔者觉得略有差别。道士，修道之士，佛门亦称居家修行者为居士。道为修道，而士则并非都是修道之人，如隐居为隐士，征战者为战士，勇敢者为勇士，士范围较之道更广。老子在全经中并未有用"士"表修道之人，第33章"善为士者不武"之"士"，亦指的是战士而非修道之士，加一"善"字才表有道之战士。故而此处当从帛书本作"古之善为道者"。

②"达"与"通"

帛书本作"微妙玄达"。

流通本作"微妙玄通"。

通与达，连用则为通达，本意并无多大区别，唯第54章曰"明白四达"，而楚简本亦作"必微妙玄达"，故此处宜从帛书本作"微妙玄达"。

③"浊、谷"与"谷、浊"

帛书本作"混呵其若浊，旷呵其若谷"。

流通本作"旷兮其若谷，混兮其若浊"。

两个版本顺序颠倒，孰正孰倒？若结合下一句"浊而静之徐清"就不言自明了："若浊"之后，紧接着言如何澄"浊"入清，上"浊"与下"浊"衔接紧密，天衣无缝。故当从流通本顺序，作"旷兮其若谷，混兮其若浊"。

④有无"孰能"

帛书本作"浊而静之徐清，安以动之徐生"。

流通本作"孰能浊以静之徐清，孰能安以久动之徐生"。

流通本多两个"孰能"，有反文、设问之意。观本章经文，一开始便说"古之善为道者"，其所谓"浊"，乃是和光同尘，故在他人看来，圣人表面很浊。但因其内心虚静，故会由静而"澄浊入清"。水清则影现，即"安以动之徐生"，并无设问之意。第42章"孰能有余而有以取奉于天者乎？

唯有道者乎"，"孰能"之后，紧接着便给出了答案，而本章则无下文承接。因此综合分析，当从帛书本无"孰能"二字更妥。

⑤ "而不"与"不新"

帛书本作"敝而不成"。

流通本作"蔽不新成"。

俞樾云："'蔽'乃'敝'之假字"，即作"敝不新成"。"敝"即破旧，成语"敝帚自珍"，与"新"互为反义，圣人守道而宁旧不欲新。"贵以贱为本，高以下为基"，同样"新以旧（敝）为本、为基"，"知其新，守其旧（敝）"。若作此解，自然契合经义。但王弼《老子道德经注》云："蔽，覆盖也。"可见，王弼亦作"蔽"本字，而非作"敝"。

从经义分析，本句所表达的是世人与修道之人两类，彼此互反。因此不妨再看帛书本之"敝而不成"。如前所言，"敝"即破旧，破则不全，旧则非全新，"成"即全、完整之意，正与"敝"互为反义。第8章"大成若缺，其用不敝"，"成"与"缺"互反，而"敝"则意同"缺"，即"敝"与"成"互反。第67章"敝则新"即"敝则全"。"能敝"即知足少欲，"不成"即"不欲成"，不欲盈满无缺、不贪，亦同"持而盈之，不若其己"之意。"敝而不成"即是"古之善为道者"修行之妙门，与第一句首尾呼应。因而当从帛书本作"敝而不成"。

第六十章
（流通本第16章）

◎帛书本	◎流通本
致虚极也，守静笃也，	致虚极，守静笃。
万物并作，吾以观其复也。	万物并作，吾以观复。
夫物芸芸，各复归于其根。	夫物芸芸，各复归其根。
归根曰静，**静**①，是谓复命。	归根曰静①，是谓复命。
复命常也，知常明也。	复命曰常，知常曰明。
不知常，**妄**②，妄作，凶。	不知常②，妄作，凶。
知常容，容乃公，	知常容，容乃公，
公乃王，王乃天，	公乃王，王乃天，
天乃道，道乃久。	天乃道，道乃久。
没身不殆。	没身不殆。

经文差异

①"静""妄"之有无

帛书本作"归根曰静，静，是谓复命"。

流通本作"归根曰静，是谓复命"。

帛书本作"不知常，妄，妄作，凶"。

流通本作"不知常，妄作，凶"。

帛书本较流通本多"静""妄"连缀重语，前者表达更翔实，后者更简洁，但二者皆不违经义。

第六十一章
（流通本第17章）

◎帛书本

太上下①，知有之。

其次，亲誉之。

其次，畏之。

其下，侮之。

信不足，安有不信。

犹呵，其贵言也。

成功遂事，而百姓谓我自然。

◎流通本

太上①，下知有之。

其次，亲而誉之。

其次，畏之。

其次，侮之。

信不足焉，有不信焉。

悠兮，其贵言。

功成事遂，百姓皆谓我自然。

一、经文差异

本章两个版本经文无区别，唯其他有的版本作"太上，不知有之"。

二、经义分歧

本章分歧在断句，通常作"太上，下知有之"。按照经文理解，老子所谓治国分为四个层次，即"太上""其次""其次""其下"，如同第1章"上德""下德""上仁""上义""上礼"之分。最上、最好为"太上"，"太上，下知有之"即最好的世道，下之百姓仅仅知道有君王的名字而已，彼此互不干扰，毫不发生关系。然而至德（上德）之世，如《击壤歌》云："帝力于我何有哉？"君民彼此相忘于无为，无知无识，连名字亦不知晓，何来"下知"君名之说？若谓有"知"，岂是清静无为？岂是至德之世？

故"太上"，应为"下不知有之"，即"太上，不知有之"，而非"下知有之"，一字之差，意义迥别。

"下知有之"，当是第二个层次，如第1章谓"下德"，君王虽已经与道为二，然犹未离道，此时百姓仅知君王的名字而已（知有之），彼此互不干扰，此仅次于"不知有之"。

综合分析，老子治世之道不是分为四个层次，而是五个，即"太上""太上下""其次""其次""其下"。太上不知有之，太上下则知有之，经义分明。而本章经文省略了第一个层次"太上，不知有之"，"太上下知有之"则当断句为"太上下，知有之""太上"和"太上下"是无为之道的两个阶位，如第1章的"上德"和"下德"，后面的"其次""其次""其下"，都归于失道失德。

第六十二章
（流通本第18章）

◎帛书本

故大道废，安有仁义。
智慧出，安有大伪。
六亲不和，安有孝慈。
邦家昏乱，安①有贞臣。

◎流通本

大道废，有仁义。
智慧出，有大伪。
六亲不和，有孝慈。
国家昏乱，有忠臣①。

经文异同

①有无"安"

帛书本作"安有仁义……安有贞臣"。
流通本作"有仁义……有忠臣"。

帛书本多一"安"字，此处当作"于是"解，类似"失道而后德"之"而"。从经文分析，此处当从帛书本为宜。

第六十三章
（流通本第19章）

◎帛书本	◎流通本
绝圣弃智，民利百倍。	绝圣弃智，民利百倍。
绝仁弃义，民复孝慈。	绝仁弃义，民复孝慈。
绝巧弃利，盗贼无有。	绝巧弃利，盗贼无有。
此三言也，以为文未足，	此三者，以为文不足，
故令之有所属。	故令有所属。
见素抱朴，少私而寡欲。	见素抱朴，少私寡欲①。
绝学无忧①。	

经文差异

①分章

帛书本不分章，《校注》认为"绝学无忧"当分入本章。

流通本将"绝学无忧"归入下一章。

首先分析何为"绝学"之"学"。第11章"为学者日益，闻道者日损"，其"学"皆指的学仁义礼智、学有为而非学无为之道德，与清静无为之道相反，为学即非为道，为道则不为学。

再分析本章经文，圣智、仁义、巧利即是"学"，民利、孝慈、无盗则是"无忧"，"学"则有忧，"绝学"则无忧，如下表：

绝学	无忧
绝圣弃智	民利百倍
绝仁弃义	民复孝慈
绝巧弃利	盗贼无有

故若要分章，"绝学无忧"当分入本章而非如流通本归入下一章。

第六十四章

（流通本第20章）

◎帛书本

唯与诃，其相去几何？

美与恶，其相去何若？

人之所畏，亦不可以不畏。

人望①呵，其未央哉！

众人熙熙，

若飨于大牢，而春登台。

我泊焉未兆，若婴儿未咳。

累呵，似无所归。

众人皆有余，我独遗（匮）②。

我愚人之心也，沌沌呵。

俗人昭昭，我独若昏呵。

俗人察察，我独闷闷呵。

忽呵，其若海。

恍呵，其若无所止。

众人皆有以，我独顽以鄙。

我欲独异于人，而贵食母。

◎流通本

绝学无忧。

唯之与阿，相去几何？

善之与恶，相去若何？

人之所畏，不可不畏。

荒兮①，其未央哉！

众人熙熙，

如享太牢，如春登台。

我独泊兮其未兆，如婴儿之未孩。

儽儽兮，若无所归。

众人皆有余，而我独若遗②。

我愚人之心也哉，沌沌兮。

俗人昭昭，我独若昏。

俗人察察，我独闷闷。

淡兮，其若海。

飂兮，若无止。

众人皆有以，而我独顽似鄙。

我独异于人，而贵食母。

经文差异

①有"人"与无"人"，"望"与"荒"

帛书本作"人之所畏，亦不可以不畏人，望呵，其未央哉"。

流通本作"人之所畏，不可不畏。荒兮，其未央哉"。

帛书本多一"人"字，经义晦涩难解。流通本简洁，经义明晰，即圣人之所敬畏（即五欲六尘、财色名利，下文众人所好之"大牢、春登台"），修道之人亦不可以不敬畏。

那是帛书本错了吗？笔者参考了楚简本，亦作"亦不可以不畏"，后面缺失，无"人"字。帛书整理组亦认为"人"字"各本皆无，疑是衍文"（乙本道经注 22）。

笔者认为，若确有"人"字，或当作下一句之始而非本句之末，即作"亦不可以不畏，人望呵"断句，意思是圣人（上文"人之所畏"之"人"，与下文"众人"相对应，属于两类人）深观（望）"唯与诃、美与恶"无别（相去几何），知晓"享大牢、春登台"之危害（殃），而于危害尚未发生时，少私寡欲，知足知止，防患于未然。如此经义方通畅。但经中凡说"人"，多指的世人而非圣人，故综合分析，笔者从帛书整理组之说，即"人"字"疑是衍文"。

《校注》取刘殿爵所云："今本的意思是：别人所畏惧的，自己也不可不畏惧。而帛书本的意思是：为人所畏惧的——就是人君——亦应该畏惧怕他的人。两者意义很不同，前者是一般的道理，后者则是对君人者所说有关治术的道理。"笔者认为此说不妥。

②"匮"与"遗"

帛书本与流通本均作"遗"，区别在于"遗"是作本字，还是作"匮"。

《校注》勘校作"匮"，而王弼《老子道德经注》则释为："我独廓然无为无欲，若遗失之也。"即作"遗失"解。而作"匮"，即匮乏、不足之意，正与前文"众人皆有余"之"余"相对，即宁愿敝缺而不欲大成，显然更契合经义。故王弼作"遗失"解不可取，而应当从《校注》作"匮"。

第六十五章
（流通本第21章）

◎帛书本

孔德之容，唯道是从。

道之为物，唯恍唯忽。

忽呵恍呵，中有象呵。

恍呵忽呵，中有物呵。

窈呵冥呵，其中有请（情）①呵。

其请（情）甚真，其中有信。

自古及今，其名不去，

以顺众父②。

吾何以知众父之然也？

以此。

◎流通本

孔德之容，惟道是从。

道之为物，惟恍惟惚。

惚兮恍兮，其中有象；

恍兮惚兮，其中有物。

窈兮冥兮，其中有精①。

其精甚真，其中有信。

自今及古，其名不去，

以阅众甫②。

吾何以知众甫之状哉？

以此。

经文差异

①"请"（情）与"精"

帛书本作"其中有请"，《校注》勘校作"其中有情"。

流通本作"其中有精"。

帛书整理小组勘校同流通本作"精"（请、精通假）。

结合下文"其中有信"分析，"精"字当指道之体，此"精"映在眼耳鼻舌身意六根门头：在眼曰见、在耳曰闻、在鼻辨香、在口谈论、在手执捉、在足运奔、在胎为身、处世为人……虽幽微难测，但应用不失其时，如手机之有信号可联络通信。此即是第25章"道者万物之主也，善人之宝也，不善人之所保也"之"主"、之"宝"，第50章"谷神不死"之"神"。亦即是《楞严经》谓"识精元明"、"精色不沉，发现幽秘"。

综合分析，此处显然当从流通本作"精"，唯不能作"精神""精力"解，而当作"精识"或"精魄"。

②"父"与"甫"

帛书本作"以顺众父"。

流通本作"以阅众甫"。

王弼《老子道德经注》释为"众甫，物之始也，以无名说万物之始也"。即"甫"为"始"、"本源"之意，何为"始"？第45章"无名，万物之始"，第15章"天下有始，以为天下母"，可见"始"即指"道"。"众甫"即众多万物之始，也就是不可名之恒道。"以顺众甫"意即：以为万物循之而得生之本源、之始。

而帛书本"父"同样可知作"始"，如《易·说卦传》曰"乾为父"，此"父"即是指的万物化生之本，即万物之始、之本源。

可见，帛书本与流通本都不违经义。

第六十六章
（流通本第24章）

◎帛书本

企者不立①。

自视②者不彰，自见者不明，

自伐者无功，自矜者不长。

其在道，曰余食赘行。

物或恶之，故有裕③者弗居。

◎流通本

企者不立，跨者不行①，

自见者不明，自是②者不彰，

自伐者无功，自矜者不长。

其在道也，曰余食赘行。

物或恶之，故有道③者不处。

经文差异

①有无"跨者不行"

流通本多"跨者不行"。

帛书本无。

帛书整理小组认为"甲乙本似误脱"，《校注》认为显然是出自六朝人之手，取用骈体对偶之文体。

"跨者不行"与"企者不立"意同，有无此句皆不违经义。

②"视"与"是"

帛书本作"自视者不彰"。

流通本作"自是者不彰"。

154

帛书整理小组认为"视"当作"示"，即展示。而《校注》则认为当从流通本作"是"，即自以为是。

　　笔者认为，"自视者不彰"意为"不自彰故彰"，即欲彰弥盖，下一章"不自视故彰"即与之相反，类似"欲盖弥彰"。可见"视"当为彰显之意，正与"示"义同，"示"则不盖。而自以为是的"是"则是正确之意，与"展示"的"示"意不同，即自以为正确反而不正确，显然有违经义。故当从帛书本作"自视者不彰"，并从帛书整理小组释为"示"。

③ "裕"与"道"

　　帛书本作"故有裕者弗居"。

　　流通本作"故有道者不处"。

　　"裕"即"道"，义同。

第六十七章

（流通本第22章）

◎帛书本	◎流通本
曲则全，枉则正。	曲则全，枉则直，
洼则盈，敝则新，	洼则盈，敝则新，
少则得，多则惑。	少则得，多则惑。
是以圣人执一，以为天下**牧**①。	是以圣人抱一，为天下**式**①。
不自**视**②故彰，	不自见故明，
不自见故明，	不自**是**②故彰，
不自伐故有功，	不自伐故有功，
弗矜故能长。	不自矜故长。
夫唯不争，故③莫能与之争。	夫唯不争，故**天下**③莫能与之争。
古之所谓曲全者，**几语哉**④。	古之所谓曲则全者，**岂虚言哉**④。
诚全归之。	诚全而归之。

一、经文差异

①"牧"与"式"

帛书本作"以为天下牧"。

流通本作"以为天下式"。

王弼《老子道德经注》释"式"为"则"，第72章"知其白，守其黑，为天下式"之"式"亦作"模则",即效法、楷模、准则。亦即第28章"恒知此两者,亦稽式也"之"稽式"。

至于"牧",则同样有法式、法度之意,《逸周书·周祝》:"为天下者用牧。"

可见,"牧"与"式"意同,都指的有道之圣人为天下人之楷模、样板,但不是指的统治者取天下或治天下。

②关于自"视"与自"是",上一章已经辨析。

③有无"天下"

帛书本作"故莫能与之争"。

流通本作"故天下莫能与之争"。

区别在"天下"二字。此句型与第29章经文"非以其无争与,故天下莫能与争"相似,有无"天下"皆不违经义。

④"几"与"岂"

帛书本作"几语哉"。

流通本作"岂虚言哉"。

《校注》认为"几"字当假为"岂","几语哉"即"岂只是一句(空)话",意同王弼本。笔者认为此解不妥。"几"当作几微解,即微小、微妙之意,"几语哉"意即曲则全、枉则正等合乎大道之言,对世人来说极其微妙幽深,难知难解,如第59章言"微妙玄达,深不可识",第43章"正言若反"。因此显然流通本有误,《校注》亦曲解经义。

二、关于经文顺序

本章"不自视故彰,不自见故明,不自伐故有功"与上一章"自视者不彰，自见者不明，自伐者无功"经义完全相同，只是一从正面、一从反面，角度不一样，因而两章当按帛书本顺序一前一后。而流通本则在两章中间横插"希言自然"一章，致使顺序完全打乱，故足可证明流通本顺序乃为后人所改动，当从帛书本顺序。

第六十八章

（流通本第23章）

◎帛书本

希言自然。

飘风不终朝，暴雨不终日。

孰为此①？

天地而弗能久，又况于人乎！

故从事而道者同于道②，

德者同于德，

失者同于失。

同于德者，道亦德之。

同于失者，道亦失之③。

◎流通本

希言自然。

故飘风不终朝，骤雨不终日。

孰为此者？天地①。

天地尚不能久，而况于人乎！

故从事于道者，道者②同于道，

德者同于德，

失者同于失。

同于道者，道亦乐得之；

同于德者，德亦乐得之；

同于失者，失亦乐得之③。

信不足焉，有不信焉④。

经文差异

①有无"天地"

"希言自然"，指的自然无为之道与德；而"飘风""暴雨"则指的天地多言不自然，指有为之"仁义礼"。"飘风不终朝，暴雨不终日"意为：天地多言而行有为之道，如飘风（风声）与暴雨（雨声），亦不能恒长久远，不能入自然之恒道（不终朝、不终日）。"孰为此"则是承前文而反问，即天地多言有为都不能入恒久之道，何况世人！可见，王弼本之"天地"二字系多余。

②有无"道者"

王弼《老子道德经注》解:"从事,谓举动从事于道者也。道以无形无为成济万物,故从事于道者以无为为君、不言为教,绵绵若存,而物得其真。与道同体,故曰'同于道'。"可见王弼本经文原本亦无"道者"二字。

③"道亦德之""道亦失之"与"道亦乐得之""德亦乐得之""失亦乐得之"

本章经文帛书本和流通本有较明显差别,尤以此处为甚。对比分析,明显流通本较为凌乱。若于两个版本之间做出取舍,需要深入理解经文。须注意本章有两个特点:一是"道"与"德"分述("道者同于道,德者同于德"),二是共出现四个"失"字,此两点正与第1章相似(亦出现五个"失"字),故当结合第1章来理解本章内容:老子于《德道经》一开篇就已开示失道"线路图",本章则意在提醒修道人,当忘言体道,"希言"而严守自然无为之"道德"防线,切勿"多言"而溃退至有为之"仁、义、礼"。

明晰了思路,则这段经文就好理解了:是故有志于修道守道者,当"希言"而使其行为合(同)于清静无为之道;修德守德者合(同)于德而不失德;若守道守德无方而失道失德者,必好仁、义、礼,此即合(同)于失道者(即失道而"仁义礼")。其行为同(合)于德者,道亦得(德)之(即得道)。同于失(仁义礼)者,道亦失之(失道)。

如此则帛书本经文就非常顺畅了,而流通本"信不足焉,有不信焉"则更显凌乱。对于王弼《老子道德经注》之相关注解,楼宇烈亦言:"因此节经文已误,故注文难解。"

④有无"信不足焉，有不信焉"

　　流通本多此八个字。奚侗云："二句与上文不相应，已见第十七章，此重出。"马叙伦云："此二句疑一本有十七章错简在此，校者不敢删，因复记之，成今文矣。"楼宇烈《老子道德经注》校释云："此节经文与注均为十七章文而误衍于此。"笔者认为，此八个字与流通本第 17 章完全一致，且与上文毫无关联，当是错简。

第六十九章

（流通本第25章）

◎帛书本	◎流通本
有物混成，先天地生，	有物混成，先天地生。
寂呵寥呵，独立而不改①，	寂兮寥兮，独立不改，
	周行而不殆①，
可以为**天地**②母。	可以为**天下**②母。
吾未知其名，字之曰道。	吾不知其名，字之曰道，
吾强为之名曰大。	强为之名曰大。
大曰逝，逝曰远，远曰反。	大曰逝，逝曰远，远曰反。
道大，天大，地大，王亦大。	故道大，天大，地大，王亦大。
国中有四大，而王居一焉。	域中有四大，而王居其一焉。
人法地，地法天，天法道，	人法地，地法天，天法道。
道法自然。	道法自然。

经文差异

①有无"周行而不殆"

帛书本作"独立而不改"。

流通本作"独立而不改，周行而不殆"。

"周行而不殆"与"独立而不改"为骈体偶文，《校注》认为是六朝人增入。

从经文分析，前文"寂呵寥呵"即不动之意，指道之体而言。道之体清静本然，不动不变，即"独立而不改"。但并未说周遍法界（天地），因此"周行而不殆"显然为后人不解经义而增入。

②"天地"与"天下"

帛书本作"可以为天地母"。

流通本作"可以为天下母"。

"天地"即天和地，无所不包，意指宇宙。而"天下"顾名思义指的天之下、地之上，尚未包括天之上，指土地和人民，最大不超过地球，狭义指政权，如打天下、治天下、三分天下，"圣人之在天下""故贵为身于为天下，若可以托天下矣"，"天下"范围逊于"天地"。道在天地间，指的是道之体。而说天下是否有道，一般是指的君王是否行无为之道，如"以道莅天下""天下多忌讳""譬道之在天下"。上文"有物混成，先天地生"，即是说道为"天地"（非"天下"）之母。下文"天大，地大""人法地，地法天，天法道"，则可知本章重点是在说"天"与"地"，而非限于"天下"，故而此处当从帛书本作"天地"。

第七十章

（流通本第26章）

◎帛书本

重为轻根，静为躁君。

是以君子终日行，不离其辎重。

虽有环官①，燕处则超若。

若何万乘之王，而以身轻于天下？

轻则失本，躁则失君。

◎流通本

重为轻根，静为躁君。

是以圣人终日行，不离辎重。

虽有荣观①，燕处超然。

奈何万乘之主，而以身轻天下？

轻则失本，躁则失君。

经文差异

① "环官"与"荣观"

帛书本作"虽有环官，燕处则超若"。

流通本作"虽有荣观，燕处超然"。

"超然"与"超若"义近，分歧在"环官"与"荣观"。

"荣观"指荣盛的景观，亦可引申指宫阙。

先看经文说的是谁拥有"环官"？"万乘之王"，此正与第25章"故立天子，置三卿，虽有拱之璧以骈驷马"相同，故"环官"即类似"拱之璧以骈驷马"，"环"则对应"拱之璧"，即拱抱之玉璧，拱即双手环抱，而璧则为圆形，中间有孔。可见"拱"与"璧"都有"环"绕之意，正与"环官"之"环"意同，故帛书本"环官"之"环"，当指的中央有穿孔的扁平状圆形玉器。在古代，玉璧是帝王和贵族的专属，而纯白的玉璧则只有天子才有资格佩戴，如刘邦进献白玉璧与项羽，就是意味着承认了项羽"天授之王"的地位。而"万乘之王"亦是指的天子，因此"环官"之"环"本意，自然明了。

而"官"则通"馆"，即房舍，宫阙，指古时帝王所居住的宫殿，简单易明。"环官"或分释为玉璧与豪华馆舍，或者如同玉璧一样奢华高贵的馆舍，以此形容帝王天子，远较"荣观"形象贴切。

可见，帛书本作"环官"显然比流通本作"荣观"更契合经义。

《校注》勘校作"营观"，释为"营建之亭台楼榭"，不能说不对，但把"环官"两字改为"营观"，颇觉多少有些生硬、勉强。

第七十一章
（流通本第27章）

◎帛书本

善行者无辙迹，
善言者无瑕谪，
善数者不以筹策，
善闭者无关钥而不可启也，
善结者无绳约而不可解也。
是以圣人恒善救人，而无弃人[①]，
物无弃材，
是谓袭明。
故善人，善人之师；
不善人，善人之资也。
不贵其师，不爱其资，
虽知乎大迷，是谓妙要。

◎流通本

善行无辙迹，
善言无瑕谪；
善数不用筹策；
善闭无关楗而不可开，
善结无绳约而不可解。
是以圣人常善救人，故无弃人；
常善救物[①]，故无弃物，
是谓袭明。
故善人者，不善人之师；
不善人者，善人之资。
不贵其师，不爱其资，
虽智大迷，是谓要妙。

一、经文差异

①有无"常善救物"。

帛书本作"物无弃材"。

流通本作"常善救物，故无弃物"。

分析经文，"圣人恒善救人，而无弃人"，即指圣人"以百姓为刍狗"，

166

没有分别心，没有可救之善人、不可救之恶人分别歧视，不分善恶一视同仁，一同教化，使之同入无为之道。义同第12章"圣人恒无心，以百姓之心为心。善者善之，不善者亦善之，德善也"。有情之人可以说"救"与"不救"，但对于无情之物，则不能言"救"，只能说"利用"。"物无弃材"之"物"指的是无情之物，"材"则指的是功用，圣人"不贵难得之货"，同样"不贱易得之货"，对于无情之物也毫无分别心，在圣人心中，物物皆有其用，皆是可用之材，不择优劣，不分贵贱，令物尽其材、物尽其用。而"故无弃物"则仅仅指的不抛弃，并未说尽其用，故"物无弃材"显然较"故无弃物"更贴切。

圣人守道无为，善行、善言、善数、善闭、善结，对于有情之人、无情之物亦善，经文脉络清晰，经义分明。故"常善救物"显然有违经义，流通本明显为后人所改。

二、经义分歧

"不贵其师，不爱其资"，有释"贵"为尊重，"爱"为借鉴等等，不妥。《校注》释为"贵师爱资皆因道微德衰所至。治世以道，善恶泯灭，师资俱无，贵爱无有，圣人所重则在道行，不在师资"。蒋锡昌云："还淳反朴，不贵师资，此乃圣人救人物之法也。"二人所释极佳，甚得老子本旨，唯《校注》援引《韩非子·喻老》"文王举太公于渭滨者，贵之也；而资费仲玉版者，是爱之也"。笔者觉得多有不妥。

第七十二章

（流通本第28章）

◎帛书本

知其雄，守其雌，为天下溪。

为天下溪，恒德不离。

恒德不离，复归于婴儿。

知其荣，守其辱，为天下谷。

为天下谷，恒德乃足。

恒德乃足，复归于朴。

知其白，守其黑①，为天下式。

为天下式，恒德不忒②。

恒德不忒，复归于无极。

朴散则为器，圣人用则为官长。

夫大制无割。

◎流通本

知其雄，守其雌，为天下溪。

为天下溪，常德不离。

复归于婴儿。

知其白，守其黑，为天下式。

为天下式，常德不忒。

复归于无极。

知其荣，守其辱①，为天下谷。

为天下谷，常得乃足②。

复归于朴。

朴散则为器，圣人用之则为官长。

故大制不割。

经文差异

①经文顺序

帛书本是"知其荣，守其辱……知其白，守其黑"。

流通本是"知其白，守其黑……知其荣，守其辱"。

"荣辱黑白"与"黑白荣辱"，顺序颠倒，经义无别。不过帛书本"复归于无极，朴散则为器"，流通本"复归于朴，朴散则为器"，"无极""朴"

与"朴""朴"，显然流通本顺序更妥。

②有无重句

帛书本"为天下溪""恒德不离""为天下谷""恒德乃足""为天下式""恒德不忒"，六句皆有重句。

流通本仅"为天下溪""为天下谷""为天下式"三"为"字句有重句，其余"常德不离""常德乃足""常得不忒"三"常"句则没有重句。从经文分析，为"天下溪、天下谷、天下式"是因，是无为之为；常德即恒常之道德，常德"不离""乃足""不忒"则是果，是入道证道。三"为"句加重，意在强调因，若三"常"句亦加重，语气就显得平淡且略有繁复之嫌，故笔者认为流通本更契合经义。

第七十三章

（流通本第29章）

◎帛书本

将欲取天下而为之，
吾见其弗得已。
夫天下神器也，非可为者也。
为者败之，执者失之。
故物或行或随，或嘘或吹，
或强或羸，**或培或堕**①。
是以圣人去甚，去泰，去奢。

◎流通本

将欲取天下而为之，
吾见其不得已。
天下神器，不可为也。
为者败之，执者失之。
故物或行或随，或歔或吹，
或强或羸，**或挫或隳**①。
是以圣人去甚，去奢，去泰。

经文差异

①"培与堕"还是"挫与隳"

帛书本作"或培或堕"。

流通本作"或挫或隳"。

从前文可知，无论"培与堕"还是"挫与隳"，义皆互反。"培"为造就、建造之意，而堕则意为毁坏，刚好互为反义。王弼本作"隳"，亦有破坏毁坏之意，但"挫"意为折断、毁损，与"隳"意同，有违经义。故流通本极可能是误把"培"作"挫"。

170

第七十四章
（流通本第30章）

◎帛书本

以道佐人主，不以兵强于天下。

其事好还。

师之所居，荆棘生之①。

善者②果而已矣，毋以取强焉。

果而毋骄，果而勿矜，

果而勿伐，果而毋得已居③，

是谓果而不强。

物壮而老，是谓之不道，

不道早已。

◎流通本

以道佐人主者，不以兵强天下。

其事好还。

师之所处，荆棘生焉。

大军之后，必有凶年①。

善有②果而已，不敢以取强。

果而勿矜，果而勿伐，

果而勿骄。果而不得已③，

果而勿强。

物壮则老，是谓不道，

不道早已。

经文差异

①有无"大军之后，必有凶年"

帛书本作"师之所居，荆棘生之"。

流通本作"师之所处，荆棘生焉。大军之后，必有凶年"。

"大军之后，必有凶年"句，今被人广泛引用，亦不违经义。王弼《老子道德经注》云："言师凶害之物也。无有所济，必有所伤，贼害人民，残荒田亩，故曰'荆棘生焉'。"似亦无"大军之后，必有凶年"，故王弼本

171

当为后人增入。

②"者"与"有"

帛书本作"善者果而已矣"。

流通本作"善有果而已"。

王弼《老子道德经注》释为"言善用师者"，即是"善者"之意。而"善有"则意为善于取得用兵之果，有违经义，故当从帛书本。

③有无"居"

帛书本作"果而毋得已居"。

流通本作"果而不得已"。

帛书本多一"居"字，《校注》释为"助词，与'者'、'诸'义同。"

笔者认为，若作此解，则有无此"居"经义差别不大。综合上下文，"居"宜作"自居、自恃"解，与第46章"成功而弗居，夫唯弗居"之"居"同义，即出兵取得除暴安良禁暴止乱之果即可，不要以胜利者自居、自恃、逞强，"果而毋得已居"与"果而毋骄，果而勿矜，果而勿伐"义同，皆是展开说明"毋以取强焉"，最后则以"是谓果而不强"总结，与"毋以取强焉"首尾照应，全章条分缕析，经义分明。如果删除"居"字，则文义不畅，故当从帛书本作"果而毋得已居"。

第七十五章
（流通本第31章）

◎帛书本

夫兵者，不祥之器也。

物或恶之，故有裕者弗居。

君子居则贵左，用兵则贵右。

故兵者非君子之器也。

兵者不祥之器也[①]，

不得已而用之，恬淡为上。

勿美也，若美之，是乐杀人也。

夫乐杀人，不可以得志于天下矣。

是以吉事上左，丧事上右。

是以偏将军居左，

上将军居右，

言以丧礼居之也。

杀人众，以悲哀泣之。

战胜，以丧礼处之。

◎流通本

夫佳兵者，不祥之器，

物或恶之，故有道者不处。

君子居则贵左，用兵则贵右。

兵者不祥之器，

非君子之器[①]，

不得已而用之，恬淡为上。

胜而不美，而美之者，是乐杀人。

夫乐杀人者，则不可以得志于天下矣。

吉事尚左，凶事尚右。

偏将军居左，

上将军居右，

言以丧礼处之。

杀人之众，以哀悲泣之。

战胜，以丧礼处之。

经文差异

①顺序之别

帛书本作"故兵者非君子之器也，兵者不祥之器也"。

流通本作"兵者不祥之器，非君子之器"。

两个版本顺序有别，经义无殊。但从语气分析，帛书本顺序意为兵不仅非君子之器，而且还是不祥之器，更不能随便使用。紧接下文"不得已而用之"更具有警告、警示意味，语气强烈，其语义、语气均胜流通本。而"故兵者非君子之器也"之"故"字，则紧承上文"君子居则贵左，用兵则贵右"（君子贵左，兵则贵右，故兵非君子），帛书本语意连贯，流通本则稍显混乱。

第七十六章
（流通本第32章）

◎帛书本

道恒无名，
朴虽小，而天下（天地）弗敢臣[①]。
侯王若能守之，万物将自宾。
天地相合，以雨甘露，
民莫之令而自均焉。
始制有名，名亦既有，
夫亦将知止，知止所以不殆。
譬道之在天下也，
犹小谷之与江海也。

◎流通本

道常无名，
朴虽小，天下莫能臣也[①]。
侯王若能守之，万物将自宾。
天地相合，以降甘露，
民莫之令而自均。
始制有名，名亦既有，
夫亦将知止，知止所以不殆。
譬道之在天下，
犹川谷之于江海。

经文差异

　　本章两版本经文无别，唯"天下弗敢臣"句，楚简本作"天地"。关于"天地"与"天下"，笔者在第69章已做详细说明。道在天地之间，不仅仅在天之下，不仅仅"天下"弗敢臣，"天上"亦弗敢臣，故宜从楚简本作"天地"。

175

第七十七章
（流通本第33章）

◎帛书本

知人者智也，自知者明也。

胜人者有力也，自胜者强也。

知足者富也，强行者有志也。

不失其所者久也，死而不亡者寿也。

◎流通本

知人者智，自知者明。

胜人者有力，自胜者强。

知足者富，强行者有志。

不失其所者久，死而不亡者寿。

一、经文差异

本章两个版本经文无差异。

二、经义分歧

关于"死而不亡"之"不亡"，有释为善养生而长寿，如河上公注云："目不妄视，耳不妄听，口不妄言，则无怨恶于天下，故长寿。"亦有释为功业、学说不消亡，如高亨云："其人虽死，而他的道德功业、学说等并未消亡，而被人念念不忘，就可以称他为长寿。"《校注》释为精神，即体魄虽朽而精神在。更有释"死后不被遗忘"等。

笔者觉得上述诸释皆未得老子本旨。要理解人之死，先要理解人之生。人从何而得生？"无名，万物之始"，人也属于万物之一，故人也是从无名之恒道而得生。包括人在内的万物，有生就必然有死。人寿命再长，如传言八百岁之彭祖，相对道而言也不能谓长寿。谁不死？恒常之道，道体永存，如虚空，故唯有道才"不亡"。"死而不亡者寿"，指修道者证入无为之道，虽肉身不免一死，但因与恒常之道相合，故其寿亦如道一样恒常，此谓真正的长寿。（欲深入理解，建议精读《楞严经》）

第七十八章
（流通本第34章）

◎帛书本

道泛呵，其可左右也。

成功遂事①**而弗名有也。**

万物归焉而弗为主，

则恒无欲也，可名于小。

万物归焉而弗为主，可名于大。

是以圣人之能成大也②，

以其不为大也，故能成大。

◎流通本

大道氾兮，其可左右。

万物恃之而生而不辞①，功成不名有。

衣养万物而不为主，

常无欲，可名于小。

万物归焉而不为主，可名为大②。

以其终不为大，故能成其大。

经文差异

①"成功遂事"与"万物恃之而生"

帛书本作"成功遂事而弗名有也"。

流通本作"万物恃之而生而不辞，功成不名有"。

两个版本经义一致，唯帛书本更简洁。

②有无"是以圣人之能成大也"

帛书本作"是以圣人之能成大也，以其不为大也"。

流通本作"以其终不为大"。

178

帛书本多"是以圣人之能成大也"句，此句之有无，需结合经文分析：本章首先讲了道的特质，即可左可右；下文则进一步展开说可左可右就是可小可大（"可名于小""可名于大"），小是因为生养万物而不以为生，不求回报，生而不恃，功成不居；大是因为生养成就万物的功劳大。而帛书本"是以圣人之能成大也"之"大"，则是指的道，第32章"天下皆谓我大，大而不肖"之"大"，是绝待大，非前句所说可小可大之大。"是以圣人之能成大也"意为圣人能入道的原因，是"以其不为大也"，即为大而不以为大，既令"万物归焉"，又"恒无欲也"。可见，本章主旨是在说圣人如何入道，"是以圣人之能成大也"则有点明本章主题之意，故流通本不可取。

第七十九章
（流通本第35章）

◎帛书本

执大象，天下往。

往而不害，安平太。

乐与饵，过客止。

故道之出言^①也，曰淡呵其无味也，

视之不足见也，听之不足闻也，

用之不**可**^②既也。

◎流通本

执大象，天下往。

往而不害，安平太。

乐与饵，过客止。

道之出**口**^①，淡乎其无味，

视之不足见，听之不足闻，

用之不**足**^②既。

经文差异

① "言"与"口"

帛书本作"故道之出言"。

流通本作"道之出口"。

"出言"与"出口"，即话从口而出，皆意指说话，如"出言不逊""出口成章"，表面看区别不大，似可共用。但王弼《老子道德经注》云"而道之**出言**，淡然无味"，而同样在第68章"希言自然"亦注云："下章言道之**出言**，淡兮其无味也，视之不足见，听之不足闻。"可见流通本原经文亦同帛书本作"出言"，"出口"当是后人妄改。

② "可"与"足"

帛书本作"不可既"。

流通本作"不足既"。

"足"意为得、值得，如不足为凭，微不足道。从经文分析，"视之不足见，听之不足闻也"之"足"当作"得"解，即道之体不得见、不得闻，但道之用却不可穷尽，"绵绵若存，用之不既""动而愈出""而用之或弗盈"，显然当用"不可既"。

另外，王弼《老子道德经注》注云："乃用之**不可**穷极也"，知王弼本原经亦作"不可既"，"不足既"乃是后人窜改。

第八十章

（流通本第36章）

◎帛书本	◎流通本
将欲翕之，必固张之；	将欲歙之，必固张之；
将欲弱之，必固强之；	将欲弱之，必固强之；
将欲去之，必固举①之；	将欲废之，必固兴①之；
将欲夺之，必固与之。	将欲夺之，必固与之：
是谓微明。	是谓微明。
柔弱胜强。	柔弱胜刚强。
鱼不可脱于渊，	鱼不可脱于渊，
邦利器不可以示人。	国之利器不可以示人。

一、经文差异

①"去、举"与"废、兴"

帛书本作"将欲去之，必固举之"。

流通本作"将欲废之，必固兴之"。

"举"为往上托、往上伸之意，如捧，与"兴"同义。"去"则为失去、失掉，如大势已去，如杀，与"废"同义。"将欲去之，必固举之"类似捧杀，将欲杀之，必先捧之。因此"去之举之"与"废之兴之"皆不违经义。

二、经义分歧

如何理解"鱼不可脱于渊，邦利器不可以示人"？

关于"国之利器"，历来注疏有诸多解读，但大都觉得不太顺畅。如王弼《老子道德经注》："利器，利国之器也。唯因物之性，不假刑以理物。器不可睹，而物各得其所，则国之利器也。示人者，任刑也。刑以利国，则失矣。鱼脱于渊，则必见失矣。利国之器而立刑以示人，亦必失也。"笔者觉得，王注义理甚是，但对于"利器"，一则只说了一半（刑），二则把"利器"作"利国之器"解，颇有不妥。

笔者认为，"利器"应作"锋利兵器"和"严刑峻法"解，喻指有为，"锋利兵器"指对外，"严刑峻法"则指对内。利器示人即无道，不示人即有道。

对外，国之利器示人，即国君展示其锋利兵器，则好征伐，有甲兵而陈之，以兵强天下，好为强梁，而强梁者不得其死，坚强者死之徒。而国之利器不示人，即国君有道，以柔弱自居，不以兵强天下。国之利器示人，即人君失柔弱无为之道，如鱼之失水，必亡。

于内，国之利器示人，即人君以严刑峻法恐吓国人，此亦有为而非无为。国内失无为之道，亦如鱼之失水，必亡。

第八十一章
（流通本第37章）

◎帛书本

道恒无名（无为）①也，

侯王若能守之，万物将自化。

化而欲作，吾将镇之以无名之朴。

镇之以无名之朴，夫将不欲。

不欲以静，天地将自正。

《道》二千四百廿六②

◎流通本

道常无为而无不为①。

侯王若能守之，万物将自化。

化而欲作，吾将镇之以无名之朴。

无名之朴，夫亦将无欲。

不欲以静，天下将自定。

经文差异

①"无名"还是"无为"

帛书本作"无名"。

流通本作"无为而无不为"。

因争议较大，笔者再以楚简本比较：楚简本作"无为"，与两版本都不同。

先看流通本"无为而无不为"，此在第11章中已经出现过："损之又损，以至于无为。无为而无不为。"但该章本旨为道之起用，无为而无所不为，与本章有明显差异。

再看帛书本"道恒无名"，此与第76章"道恒无名"亦同，但显然两章所诠释内容不一：彼是指的无名之道，如第45章云"无名，万物之始"，或本章云"镇之以无名之朴"。从本章经文分析，"镇之以无名之朴"系指无为之法，若执着虚静无为，则仍旧非真静、非真无为。如《韩非子·解老》所云："虚者，谓其意无所制也，今制于为虚，是不虚。"如世人执着有，今以空破之，然若又执着空，即是《金刚经》谓执非法相，亦是住四相。第1章"下德不失德，是以无德"，"不失德"即怕失去德，即是执着"德"，有"德"之念未涤除，依旧是"有以为"，所以"无德"，不能谓真清静无为之道。故而老子告诫说"镇之以无名之朴，夫将不欲"，即不执着"无名之朴"，无"无名之朴"之念。本章系帛书本全经最后一章，老子继前80章开示"无为"之道后，恐行道者又执着"无为"法，故在全经结尾处告诫"无为"亦不当为，不当执着，至"不欲以静"，方是真无为、真清静，即"天地将自正"。此乃涤荡"无为"法之法执。

综合分析，笔者认为，帛书本以及流通本都不足取，而应从楚简本作"无为"。

②《道》二千四百廿六

本章是帛书本《道》经最后一章，乙本结尾有"二千四百廿六"，表道篇共2426字。

帛书甲本及流通本均无。